Viejo Nic

Muchas gracias x su apoyo y Amistad

Un Abrazo

MI SÚPER PODER SON LAS VENTAS

JUAN PABLO MOLANO GRAUTOFF

MI SÚPER PODER SON LAS VENTAS

Si tienes el súper poder de las ventas es porque tu vocación es el servicio, es ayudar a los demás a cumplir sus objetivos, a resolver sus problemas o a superar sus temores, y eso habla muy bien de ti.

Primera edición, abril 2021

ISBN: 978-958-49-2336-3

Diseño de portada: Maria Eugenia Echeverri H.

Edición y maquetación: Maria Eugenia Echeverri H.
+57 311-893-9221
echeverri_maria_@hotmail.com

Impresión y Encuadernación: Imprefacil S.A.S.
www.imprefacil.co
+57 312-339-3359

Deposito legal: Biblioteca Nacional de Colombia, Banco de la República, Biblioteca Luis Ángel Arango

Foto de Portada: Bernal Photo
www.bernalphoto.com
ig: @bernalphoto
Hotel de la Opera

www.juanpablomolano.com

A mi esposa Maria Cristina y a mis hijas Sofia y María José que son mi fuente constante de inspiración, sus sonrisas son el faro que ilumina y guía mi vida.

Tabla de Contenido

Prólogo

Cuando estaba decidiendo que carrera universitaria estudiaría me imaginaba siendo Ingeniero, médico, arquitecto, abogado e incluso llegué a pensar en ser músico, al final la ingeniería industrial fue la carrera que más se ajustaba a mis deseos y decidí complementarla con una maestría en administración de empresas. La decisión de qué estudiar estuvo basada en mis habilidades más predominantes, acompañadas de un fuerte deseo de tener una vida próspera. Tal vez llegué al mundo de las ventas por casualidad, fue la oportunidad que se me brindó en un momento dado y la tomé, pero entre más clientes atendía, entre más me ocupaba de aprender sobre esta profesión y entre más habilidades desarrollaba, más fui encontrando el verdadero sentido de las ventas y descubrí que eran mi vocación, esta actividad se me convirtió en una pasión, un verdadero placer, porque vender significa, en su sentido más profundo ayudar y servir genuinamente a los demás.

He visto a muchos súper vendedores realizar su trabajo y he identificado que solo mediante el deseo genuino de ayudar y servir, se obtiene la energía necesaria para convertirse en un vendedor de éxito, porque cuando se logra el objetivo de que muchos clientes digan "quiero que TU me atiendas", es porque has conseguido que valoren la ayuda que les brindas y la compañía que les das en el proceso de compra.

Si te gusta la adrenalina que genera la negociación y el debate constructivo, conocer nuevas personas y desarrollar relaciones constantemente, estudiar incansablemente, crear estrategias y probar nuevas metodologías, viajar mucho y tener una agenda llena de actividades, esta profesión la vas a disfrutar mucho, yo lo he hecho por más de veinte años.

Para algunas personas, las ventas son una habilidad con la que se nace y que requiere ciertas características particulares que no todos tienen, para otros la habilidad de vender se aprende y se desarrolla con la experiencia, las percepciones sobre las ventas son tan variadas como el espectro de colores de la luz cuando se descompone en un prisma, pero lo único cierto, es que todos en algún momento tenemos algo que vender, así sea nuestro propio talento.

En el desarrollo de los siguientes capítulos nos adentraremos en el mundo de las ventas desde cada uno de los elementos clave que deben ser incorporados en la forma de actuar y de pensar del vendedor estrella, mediante conceptos teóricos y experiencias de ventas que puedes poner en práctica y aplicar en los diferentes escenarios y situaciones del mundo comercial, de tal forma que entiendas que las ventas son un proceso estructurado, que contempla conocimiento técnico y actitud interna para el logro de resultados en tu campo laboral, o en tus iniciativas y emprendimientos.

Nadie nace siendo un súper vendedor, esto se consigue con tiempo y disciplina, desarrollando hábitos de vida saludables, estudiando sobre tus productos o servicios, analizando el mercado y la competencia, entendiendo el proceso comercial y el ciclo de negocio, cultivando la energía interna óptima y la voluntad adecuada para conseguir los resultados por encima de cualquier obstáculo, estableciendo rutinas que lleven a la mejora continua y a la perfección de la técnica y la maximización de los resultados.

Este libro se constituye en una base confiable en la cual tú encontrarás los fundamentos que debes desarrollar para mejorar tus habilidades y competencias y así ser un vendedor de éxito, además te mostrará los pilares que podrás ir complementando con tus experiencias para desarrollar tus propias metodologías adaptadas al tipo de producto o servicio que comercialices, estableciendo un mapa de ruta con el que cumplirás tus objetivos comerciales desarrollando y creando estrategias de corto, mediano y largo plazo. Ten en cuenta que tú eres el artífice de tu futuro profesional y convertirte en un súper vendedor implica realizar cambios en tu conducta, en tus rutinas, en la forma como proyectas tu imagen y tu energía, y por esto es importante que te pongas en acción desde el primer instante para hacer los cambios que te permitan cumplir tus sueños y adaptarte a un mercado competido y cambiante.

No importa si no tienes experiencia en ventas, tampoco si crees que no tienes la capacidad de vender, de persuadir o de convencer, tu tienes el súper poder de las ventas en tu interior y con las herramientas que vas a ir adquiriendo en la medida que pongas en práctica los conceptos que expongo en este libro, saldrá a relucir todo tu potencial para vender. Recuerda que lo importante es el proceso, no el resultado, enfócate en eso y pronto estarás haciendo parte del club de los súper vendedores.

PRIMERA PARTE

EL PODER ESTÁ DENTRO DE TI

1

Tu marca personal

¿Qué es una marca?

¿Alguna vez te has puesto a pensar el significado de la palabra "marca" en términos de marketing?, algunos piensan que simplemente es el nombre que una persona o empresa ha determinado para hacer referencia a sus productos, para "bautizarlos" de alguna forma, pero esto no es así, una marca es la forma de describir mediante un nombre o un símbolo, un concepto, esto quiere decir, en términos sencillos, que la marca es la representación que utiliza una persona o una empresa para dar a conocer los atributos más importantes qué se quieren transmitir a los clientes respecto de sus productos o servicios.

Una marca puede estar representada por una palabra, una abreviación, un nombre, un juego de palabras sonoras sin algún significado en particular, o incluso puede ser simplemente un símbolo, pero que, al ser identificado como marca, tiene la misión de representar un concepto, una visión o un mensaje mucho más profundo, además sirve para diferenciar un producto de otro en un mercado lleno de opciones y alternativas.

"Una marca es un nombre, término, diseño o señal o una combinación de estos elementos que identifica bienes o servicios, y los diferencia de los demás competidores". (Grande Esteban, Ildefonso, Conducta real del consumidor y marketing efectivo, (2006)).

El concepto de marca personal

Teniendo en cuenta que una marca es una forma de denominar atributos, mensajes y características que se desean transmitir a los clientes, el concepto de marca personal es una forma de decirle a tus clientes quién eres, que te define y qué te hace especial y único. Aunque nuestro nombre es quizás el sonido más especial que pueda existir para nosotros, no es así para las demás personas respecto a uno, si así fuese, nadie olvidaría nuestro nombre nunca y nosotros tampoco olvidaríamos el nombre de los demás, en algunos casos, a tan solo unos segundos de haberlo dicho. Sí este es tu caso, quizás no hayas trabajado lo suficiente en desarrollar tu marca personal y no tengas una estrategia clara para hacerlo. Pero esto puede cambiar si incorporas a tu vida el concepto de marca personal, que brinda la posibilidad de analizarnos a nosotros mismos, de la misma forma y con las mismas herramientas, con que las empresas lo hacen cuando llevan a cabo sus estudios de marketing pero a una escala personal, y te permite incluir elementos como debilidades, oportunidades, fortalezas, amenazas, sueños, reputación, identidad o imagen y también otros tipos de análisis más profundos como identificación de mercados objetivos, posicionamiento de marca y participación de mercado desde la perspectiva de lo que somos, qué nos caracteriza, quienes queremos llegar a ser y como queremos que los demás nos vean y reconozcan, tanto a nivel profesional como personal y humano.

Un ejercicio para identificarte como una marca

Por un instante piensa que tú ya no eres una persona, ahora te has convertido en un carro, ¿Qué marca te gustaría ser?, tal vez un Ferrari o quizás un Rolls Royce, de pronto te gustaría ser un Toyota o un Mini, algunos probablemente encuentren interesante ser un Chevrolet o un Renault, a lo mejor te gustaría ser una marca de lujo, de pronto una marca de camperos todo terreno o a lo mejor de autos eléctricos, después analiza porque escogiste esa marca y que características tuyas se parecen a lo que representa la marca que escogiste, ¿eres muy exclusivo?, ¿eres accesible para unos pocos o para muchos?, ¿eres perfeccionista y te fijas demasiado en los detalles?, ¿eres aventurero y todo terreno para estar en cualquier situación?, ¿tienes un alto interés en el medio ambiente y la naturaleza?

Este ejercicio te permite identificarte como una marca y visualizar algunos aspectos personales que te gustaría resaltar de ti mismo, sin embargo, si realmente deseas trabajar en tu marca personal es importante sentarte y analizarte de una forma más profunda, ¿tú quién eres y para dónde vas?, así como qué aspectos de ti mismo te gustaría comunicar de forma más poderosa y que estrategia vas a utilizar para que tu nombre represente esos conceptos y valores en todas las personas con quienes te relacionas.

Cinco pasos para construir tu marca personal

En primer lugar, identifica los valores que te caracterizan y que realmente te definen, haz un análisis de tus habilidades, pregúntate qué aspectos son los que las personas más valoran de ti, puede ser tu buen humor, tu puntualidad, tu capacidad de escuchar, tu iniciativa, tu perseverancia, tu serenidad, entre muchos otros.

. También identifica tus debilidades y amenazas, tus falencias y todas aquellas cosas que consideras que son tus obstáculos, no para comunicarlos a los demás, sino para trabajar en mejorar en estos aspectos. Tómate el tiempo de escribir en tres hojas quién eres, haz una pequeña biografía de ti mismo, puedes sentarte en un café y conversar contigo mismo, conocerte y reconocerte, también puedes caminar, meditar, pasear por un parque y encontrar en tu interior todo lo que por mucho tiempo no has visto y no has analizado de ti mismo, pero recuerda que es importante dejar todo esto por escrito.

En segundo lugar, encuentra cuáles son tus zonas o lugares de relaciones públicas, identifica todos los espacios posibles en tu vida (incluyendo el maravilloso mundo de las redes sociales), donde tengas relación con otras personas, algunos lugares pueden ser tu trabajo, tu casa, el sitio donde haces deporte, tu iglesia, tus grupos de amigos o familiares, los lugares que frecuentas, aquellos sitios donde practicas tus hobbies, etc. Una vez hayas hecho esta lista, proponte interactuar inteligentemente en esos escenarios exponiendo tu nombre, generando relaciones, conociendo nuevas personas, transmitiendo información que algunos puedan considerar valiosa y que tenga relación con tus intereses, si trabajas en ventas debes considerar tus contactos en la industria en la que participas.

En tercer lugar, identifica tus habilidades, tus objetivos y metas, especialmente aquellas que te apasionan y en la cuales resaltas sobre los demás, también analiza que logros has conseguido en tu campo de interés o especialidad y descubre una forma de contarle al mundo que eres bueno en ese aspecto, escribe sobre el tema, ten conversaciones y debates con otras personas, enséñale a quienes puedan necesitar tu ayuda en ese campo y empieza a volverte un referente para otros, también debes escribir estos aspectos en tu currículum y recuerda que siempre es importante demostrar con resultados concretos tu habilidad, esto ayudará a generar confianza no solo en los demás sino en ti mismo.

En cuarto lugar, comparte tu conocimiento y habilidad, especialmente en redes sociales donde puedes llegar a muchas personas, incluyendo muchas a quienes no conoces. Es muy importante que entiendas que todas las redes tienen fines y objetivos diferentes, algunas se enfocan en el debate, otras en la información, otras en aspectos técnicos o profesionales y otras solo en la interacción, pero todas las redes pueden servirte, no es necesario desechar ninguna, aunque puedes enfocarte en dos o tres que además interactúen entre sí, esto te permitirá construir una red de "Networking" que te ayude a dar a conocer tu marca personal, también podrás conocer clientes potenciales y afianzar tus relaciones con otras personas.

En quinto lugar, practica la perseverancia y la constancia, desarrolla una estrategia que puedas mantener y mejorar en el tiempo, con objetivos de corto y mediano plazo, ponte metas respecto a los contactos que realizas, desarrolla una rutina de estudio, involucra el relacionamiento personal, acostúmbrate a llamar todos los días a tres personas diferentes y pregúntales cómo van y que puedes hacer por ellos.

Los súper vendedores comprenden que el éxito comercial no lo garantiza la marca de su producto, así sea una marca de gran reputación, puesto que siempre tendrán competidores, incluso entre sus mismos colegas de trabajo, por eso, aunque tengas la oportunidad de vender productos de una marca bien posicionada, debes generar una diferencia frente a otros y esto lo logras desarrollando tu marca personal.

2

La marca personal de los súper vendedores

¿Alguna vez has atendido a un cliente y algún tiempo después lo vuelves a ver, pero esta vez está reunido con un colega tuyo (tu competencia) cerrando el negocio que tu habías iniciado?

Conozco bien la sensación, es frustrante y por supuesto muy molesta, pero el culpable no es tu colega, la responsabilidad de que esto suceda es solo tuya, pero no se trata de pelear codo a codo por los clientes con tu equipo de trabajo, ni de convertir tu oficina en un campo de batalla, sino de enamorar a los clientes de tal forma, que quieran ser atendidos por ti una y otra vez hasta cerrar el trato, esto lo logras utilizando el poder que te da tu marca personal, si la desarrollas adecuadamente.

Cuando tienes claro que tu marca personal es el activo más importante que tienes y la herramienta más poderosa con la cual cuentas para impactar en otras personas, concentras tu energía interna en transmitir esa imagen a los demás, mostrando tu fuerza interior y evidenciando muchas de las cualidades que te hacen una persona única y fantástica, este es un proceso que debes llevar a cabo de forma consciente, porque al dejarlo simplemente al destino, puedes olvidar aspectos importantes que van a hacer que tu nombre, ese dulce sonido, (que para ti es el más hermoso de todos), sea rápidamente olvidado o ignorado por las personas a quienes quieres impactar, y esto es particularmente perjudicial cuando se trata de tus clientes potenciales.

Si alguna vez un cliente te ha dicho, "quiero que TU me atiendas", has logrado una ganancia enorme, no solo por la posibilidad de realizar un negocio que te beneficie, sino porque es una evidencia perfecta de que algo en tu interior ha cautivado a tu prospecto y por lo tanto tu marca personal ha empezado a realizar su magia, esto tienes que volverlo una tendencia, un proceso repetitivo, un hábito y por supuesto un generador de valor a tu favor con tu propio nombre inscrito en el proceso.

¿Qué puedes hacer para gestionar tu marca personal en el momento de la venta?

He analizado a muchos vendedores desarrollar sus procesos de ventas y he podido observar la forma como abordan a sus clientes y cómo actúan frente a ellos, he visto cómo se desenvuelven durante el proceso de ventas, pero lo más importante es cómo impacta todo esto en el resultado final del proceso. Con estas experiencias, he recolectado algunas estrategias que llevan a cabo los supervendedores, que garantizan que el cliente diga una y otra vez, "quiero que TU me atiendas". Tú puedes poner en práctica estas actitudes y llevarlas a cabo fácilmente:

Sonríe desde el saludo

La mente subconsciente detecta en la sonrisa de los demás un sentido de seguridad y comodidad, también recibe un mensaje de apertura y bienestar, nadie quiere ser atendido de forma hostil y no hay necesidad de que alguien te diga verbalmente "estoy de mal genio" o "estoy teniendo un día difícil", esto es algo que nuestro cerebro reconoce automáticamente con la postura y gestos corporales, el cerebro los capta desde el primer instante e inmediatamente actúa en consecuencia para proteger nuestra integridad, no solo física sino emocional. Los vendedores que quieren quedarse grabados en la mente de sus clientes deben aprender a sonreír frecuentemente, pero debe ser una sonrisa genuina, una sonrisa que proyecte cercanía y que permita al cliente sentirse cómodo. En ocasiones el cliente no tiene muy claro qué quiere o que es lo que más le conviene de nuestro portafolio, nada como una sonrisa amable para ayudarle a entender y resolver sus inquietudes.

Tu sonrisa es un elemento clave de tu marca personal, es lo que se conoce en términos de marketing como identidad, haz énfasis en que tu sonrisa hable por ti y exprese sin palabras quién eres.

Asegura que se aprendan tu nombre y que lo recuerden

A algunas personas se nos dificulta retener el nombre de otras, pero no puedes permitir que esto les pase a tus clientes contigo, es necesario que recuerden tu nombre para que puedan preguntar por ti una y otra vez sin dudarlo. Aunque existen técnicas para recordar el nombre de los demás, no puedes controlar que tus clientes apliquen esas técnicas y por lo tanto debes llevar a cabo las acciones necesarias para imprimir en la mente de tus clientes esas hermosas palabras que te identifican de forma única, tu nombre.

La mejor forma que he encontrado para que los clientes se graben tu nombre y lo anclen a su memoria de forma imborrable es la repetición, algunos vendedores solo mencionan su nombre cuando se presentan y esto es muy riesgoso porque el cliente probablemente lo olvide en segundos, por eso es importante, mencionarlo al inicio de la presentación, volver a leerlo despacio cuando entregues tu tarjeta de presentación personal, también puedes decirle al cliente que guarde tu número de móvil en su celular y en ese momento puedes volver a repetirlo despacio y asegurar que tu cliente lo escriba en su dispositivo celular, otra expresión que puedes utilizar en dos o tres ocasiones durante la reunión con tu cliente es: "si me preguntaran a mí, a Juan Pablo Molano, yo tomaría esta decisión ...", al finalizar la reunión y despedirte recuerda mencionar tu nombre una vez más y pedirle al prospecto que si vuelve por tu oficina pregunte por ti, por último envíale un mensaje al cliente al día siguiente o dale una llamada recordando nuevamente tu nombre, esto aumenta mucho las posibilidades de que tu nombre, el logo de tu marca personal, quede impresa en la mente de tus clientes.

Tu presentación personal ES muy importante

Aunque existen muchas estrategias para potenciar tu imagen, que te pueden ayudar como parte del arsenal de herramientas para lograr una venta, en este aspecto me quiero referir solo a algunos puntos específicos que son claves para grabar tu marca personal en la mente de tus clientes, he observado que los super vendedores siempre piensan en sus clientes y buscan identificarse plenamente con ellos anticipadamente.

Piensa en el estilo que utilizan tus clientes más frecuentes y busca adoptar uno similar para generar una conexión con ellos, recuerda que la presentación personal sirve para comunicar un mensaje poderoso sin necesidad de expresar palabras. No dejes de lado los detalles, recuerda que todo en ti está comunicando algo a quienes te observan, tu imagen es el emblema que caracteriza tu marca personal y por eso debes valorar todos los detalles.

Un truco que puedes poner en práctica es utilizar alguna prenda o accesorio que vaya en línea con los colores corporativos de tu prospecto cuando se trate de empresas o clientes corporativos, esto va a actuar directamente en su subconsciente y le va a dar el mensaje de que estás alineado con sus intereses y que haces parte de su equipo.

Conoce perfectamente tus productos

Si bien todos los factores que rodean tu imagen son importantes para consolidar tu marca personal, uno de los elementos más importantes que debes tener en cuenta, es ser quien pueda resolver todas las dudas de tu cliente y esto lo lograrás entendiendo perfectamente tus productos o contactando a todas las personas necesarias que te apoyen en dar respuestas efectivas para tu cliente. Esto te dará una imagen de sabiduría y conocimiento, y no hay nada más interesante que estar con alguien que pueda aportarte las respuestas que necesitas de una forma confiable. Debes tener en cuenta que lo más importante es saber cómo tus productos pueden satisfacer las necesidades del cliente y no solo entender las buenas características que tiene tu producto.

Un ejercicio muy importante que puedes realizar es ver como utiliza tu cliente los productos que actualmente tiene y entender qué le gusta y qué quisiera cambiar, es decir, entender sus "dolores de cabeza", porque con esta información debes procurar ofrecer soluciones que resuelvan las necesidades que tiene actualmente.

Genera una relación con tu cliente

Tu eres una persona muy interesante, todos lo somos de alguna forma, explota esto con tus clientes potenciales, interésate en saber cómo está, en conocerlo en diferentes aspectos, también en saber si tiene dudas y como más puedes ayudarlo, genera una relación de forma intencional, pero hazlo de forma genuina, no simplemente por el interés de la venta, busca entender su entorno y quiénes son sus influenciadores adicionales, puede ser su familia, sus colegas de trabajo e incluso sus propios clientes. Busca cómo ayudarlo a tomar la decisión, así estos aspectos no estén relacionados con tu producto, por ejemplo, si vendes computadores, asesóralo en temas de financiación y busca conectarlo con las personas que lo puedan ayudar.

Algo que no debes dejar de lado, es que tu cliente también tiene mucho que enseñarte, genera esta relación para preguntarle por lo que hace, que te explique a que se dedica y lo interesante que es su vida, recuerda que nada mejor que hablar de lo que uno sabe, pero debes encontrar la forma de hacer que tu cliente se abra para compartirte su información.

Generar una relación con tu cliente te permite expandir tu marca personal y crear nuevos canales para hacerle llegar la información a otras personas, aprovecha esta técnica.

3

Etiqueta y el protocolo

Hace un tiempo le hice una invitación a un cliente para asistir a un evento, lo llamé y le informé que le haría llegar los boletos para el ingreso, mi cliente es una empresa de mensajería de documentos, un tiempo después recibí una llamada de mi contacto en la empresa, contándome que había recibido la invitación y que había sido entregada muy puntualmente por intermedio de su competencia directa, otra empresa de mensajería. Solo hasta ese momento caí en cuenta del error y me di cuenta de que esos detalles importan y tienen valor para nuestros clientes, le pedí que desechara los boletos y se los volví a enviar, pero esta vez utilizando sus servicios de mensajería, adicionalmente añadí una nota a mano enmendando mi falta y dándole gracias por la oportunidad de mejorar.

El principal objetivo de utilizar adecuadamente la etiqueta y el protocolo en ventas es enviar un mensaje de comunicación a tu cliente, sin necesidad de usar palabras, produciendo una conexión a nivel subconsciente y un mensaje directo que entra por los sentidos, como si fueran una extensión de tu producto o servicio. Recuerda que solo el 7% de la comunicación se genera de forma verbal, el otro 93% lo transmiten la señales, los gestos y el tono que utilizas.

El protocolo y la etiqueta son herramientas de ventas poderosas, que cada día cobran más valor, particularmente porque vivimos en una época de multimedia, donde todo se registra en videos y fotos con enorme facilidad e inmediatez, y podemos medir el impacto y las repercusiones de cada actuación muy rápidamente. En ventas es importante construir confianza y generar empatía, por lo tanto, seguir algunas normas de protocolo y etiqueta pueden potenciar tu proceso comercial.

Empecemos por entender que la etiqueta es el conjunto de reglas y costumbres que nos permiten desenvolvernos adecuadamente en diferentes ambientes. Por otra parte, el protocolo son las normas o procedimientos que se han establecido como ideales de conducta. Todos estos elementos que se representan en tu expresión e imagen tienen un poder enorme, sin duda, comunican un mensaje a tu cliente potencial y por eso es importante prestar atención a los detalles y no dejar nada a la suerte.

Una cualidad que recomiendo mucho a los vendedores es aprender a adaptarse y a entender la cultura de nuestros clientes y el entorno que envuelve nuestro ámbito comercial.

Normalmente los pequeños detalles marcan una enorme diferencia y pueden tener impacto bien sea positivo o negativo. Existen cuatro elementos que se deben considerar y tener en cuenta respecto a nuestra conducta, involucran aspectos importantes de etiqueta y pueden potenciar nuestro resultado comercial: los aspectos externos, el lenguaje verbal, el lenguaje corporal y la cultura.

Los aspectos externos, son aquellos que el cliente puede observar en nuestra apariencia como la forma de vestir, el maquillaje, la higiene o el peinado, que sin duda generan un impacto en la forma como el mundo nos percibe, es importante lograr conectarnos con nuestros clientes, generar empatía y confianza.

El lenguaje verbal es la forma como el cliente nos escucha y se conecta con lo que decimos y, aunque las palabras y la precisión de nuestro discurso es muy importante, también lo es el tono, el tipo de expresiones y el timbre de nuestra voz.

El lenguaje corporal comunica muchas cosas sobre nosotros mismos a nivel subconsciente, puede demostrar seguridad, confianza, liderazgo, pero también todo lo contrario. De igual forma transmite nuestro estado emocional y por lo tanto puede conectarnos con nuestro cliente o generar rechazo.

Por último, la educación cultural tiene que ver con aspectos de cortesía, ética, valores y principios que nos motivan, aspectos que también se pueden transmitir y generar empatía y confianza, es muy importante entender que no solo se trata de nuestra cultura, sino la de nuestros clientes y que puede ser diferente a nuestras conductas habituales.

Un buen plan para demostrar una correcta etiqueta es saber ser, saber estar y saber comportarse. Aunque existen muchas normas y reglas que cada uno puede analizar en profundidad, algunas de las más importantes y que todo vendedor debe estudiar e incorporar a su estrategia, son las siguientes:

- Saber saludar y presentarse.
- Saber cuándo hablar.
- Saber vestirse.
- Saber pedir.
- Saber sentarse.
- Saber combinar colores.

Una última recomendación que puedes utilizar cuando te presentes ante clientes empresariales, es utilizar de forma discreta, mediante alguna prenda o accesorio, algún color de la imagen corporativa de tu cliente, que refleje que haces parte del equipo y que tu producto o servicio va a beneficiar a tu cliente.

4

Hábitos de súper vendedores

Hace unos años trabajaba en ventas en una multinacional del sector automotriz y mi responsabilidad consistía en atender grandes empresas de minería por todo el país. Todos los lunes manejaba entre cinco y seis horas para llegar hasta algunas minas de carbón y hacía el mismo recorrido de regreso los viernes o sábados. Durante la semana, pasaba largas horas bajo el sol inclemente, revisando el funcionamiento de los productos que vendía y trabajaba hasta altas horas de la noche preparando informes. Recuerdo que el desgaste físico era enorme, también la presión y el esfuerzo por mantener la energía en el máximo nivel. Sin embargo, fue un trabajo que disfruté mucho y me llenó de satisfacción. Esta experiencia me llevo a entender que sí quería ser un súper vendedor, crecer laboralmente y tener una carrera prometedora en el área comercial, necesitaba una enorme preparación física y mental.

El trabajo en ventas no es ideal para personas que prefieren estar todo el tiempo en una oficina, con un horario de ocho horas, tareas repetitivas perfectamente definidas y que les gusta estar gran parte del día frente al computador. Las ventas son sinónimo de acción y movimiento. Si te gusta la emoción y la adrenalina que genera una negociación, conocer constantemente nuevas personas, viajar sin parar, estudiar incansablemente y poner en práctica nuevas estrategias todo el tiempo, este es un mundo que vas a disfrutar mucho, yo lo he hecho desde el primer día que empecé a desarrollarme en esta profesión.

Mi formación es en ingeniería industrial e hice una maestría en administración de empresas, sin embargo, gran parte del conocimiento que tengo sobre ventas es el resultado de la experiencia trabajando con clientes, la observación de súper vendedores y mucha lectura de estrategas en ventas. Después de más de veinte años en esta profesión, sé que para tener éxito en este campo, es necesario desarrollar hábitos clave en ciertos aspectos que impactan directamente el desempeño y los resultados comerciales.

Los hábitos son acciones que uno repite frecuentemente, en las que el cerebro tiene un papel muy importante, creando las conexiones neuronales necesarias para facilitar los cambios en nuestra conducta y minimizar el consumo energético.

A nuestro cerebro le cuesta mucho el cambio y siempre procura gastar poca energía, por eso es muy difícil generar nuevos hábitos, sin embargo, con una buena estrategia se puede hacer que el proceso sea un poco más sencillo.

Existen buenos y malos hábitos, aquí nos centraremos en los hábitos que te ayuden a desarrollarte en la profesión de ventas, crecer como persona, mejorar tu calidad de vida y tus resultados profesionales. El 57% de la comunicación la producen los gestos y las señales que transmites, es por eso que tus hábitos, buenos o malos, van a ser notados por tus clientes, por lo tanto necesitas desarrollar aquellos que te van a permitir obtener buenos resultados y mejorar tus ventas.

Algunas cifras interesantes sobre hábitos de vida nos permiten observar que adquirirlos o desarrollarlos puede ser un poco más complicado de lo que parece:

- El 90% de las cosas que hacemos en la vida, las realizamos de forma repetitiva.
- El 40% de lo que hacemos, no sabemos por qué lo hacemos, simplemente sucede así.
- El 52.7% de las personas no realizan ninguna actividad física para acondicionarse.
- El 37% de los adultos tienen sobrepeso.

He observado a muchos súper vendedores y me he interesado en conocer sus hábitos relacionados con esta profesión, para poderlos poner en práctica en mi propia vida y puedo decirte con total certeza y confianza que funcionan. El problema es que no es suficiente con saberlos y conocerlos, se requiere que los adaptes y los conviertas en tus propios hábitos. A continuación, te presentó diez hábitos de vendedores estrella que deberías poner en práctica y hacerlos parte de tus fortalezas:

- Prospecta clientes nuevos todos los días. Independientemente de la estrategia que utilices, dedica una hora diaria a buscar e identificar nuevos clientes. Existen muchas formas de prospectar, puedes hacerlo por Internet, pedir referidos a tus contactos, llamar a tus proveedores o a tu red de networking, entre muchas otras.
- Dedica una hora diaria a llamar los prospectos que hayas identificado. Aprovecha al máximo el tiempo, utiliza los trayectos en carro para realizar llamadas, igualmente puedes hacerlo mientras estás en la sala de espera de un cliente o en los aeropuertos.
- Dedica dos a tres horas a la semana para estudiar sobre tus productos y los de la competencia, infórmate sobre los aspectos técnicos, apréndete las cifras más relevantes, memoriza las fichas técnicas y los catálogos de producto e interésate por saber cómo funcionan en tus clientes.
- Siempre que contactes a un cliente, acuerda el siguiente paso, la siguiente reunión o llamada con una fecha y hora concretas.
- Mantén a la mano la información actualizada de todos tus clientes, sea en una

agenda, en un sistema de información de clientes (CRM) o en una ficha de clientes y estudia esta información constantemente.

- Siempre prepara la visita a cada cliente, nunca los atiendas sin un plan claro y al finalizar cada reunión, tómate un instante para hacerte una auto evaluación de tu gestión de ventas.
- Aliméntate saludablemente con el fin de tener la energía necesaria para atender a tus clientes, especialmente cuando te encuentres en ferias, eventos o correrías que te van a implicar caminar mucho o estar demasiado tiempo de pie.
- Concéntrate en los negocios normales del día a día, pero ten un plan para los grandes negocios potenciales del año. Los clientes pequeños o cotidianos te darán estabilidad, los clientes grandes te generarán riqueza.
- Dedica una parte de tu tiempo a contactar a los clientes que te compraron y pregúntales cómo les ha funcionado el producto o servicio que les vendiste. Muchos de los clientes que te compran hoy pueden volver a comprarte en el futuro.
- Haz ejercicio; prepárate física y mentalmente para soportar la presión. En ventas el estrés puede ser muy alto, lo cual afecta tu imagen y la percepción que tienen tus clientes de ti. Recuerda que el ejercicio genera endorfinas que van a aumentar tu autoestima. Los vendedores felices siempre venden más que los demás.

Adquirir nuevos hábitos no es fácil, requiere tenacidad y compromiso, pero hay estrategias para hacerlo más fácilmente. A continuación te presento una de estas:

- Empieza poco a poco, pero sé muy constante.
- Define un plan y establece los horarios claramente.
- Crea recordatorios o alarmas, los dispositivos móviles ayudan mucho para hacerlo.
- Haz seguimiento de tu progreso y crea una lista de las tareas que vayas cumpliendo.
- Cuando lleves a cabo las tareas que te has propuesto, regálate una recompensa que tu cerebro asocie con el logro del objetivo.

Espero que estas recomendaciones te resulten útiles y puedas adaptarlas a tu rutina de trabajo diario en ventas, te garantizo que los resultados los vas a notar en el corto plazo.

5

La confianza y el empoderamiento

¿Alguna vez has visto a un súper héroe dudar de su capacidad de vencer? ¡Nunca!, aunque tropiecen, aunque sea muy difícil, aunque fallen una que otra vez, los super héroes siempre saben que van a ganar. Te hago la siguiente pregunta: ¿Tienes confianza de que vas a ser un Súper Vendedor?, espero que así sea y que tus logros sean fantásticos y tus derrotas solo sean parte del proceso de aprendizaje, pero no debes dudar ni un instante, nada puede frenar tu misión y tu objetivo, ni tu mente, ni tus competidores, ni tus colegas, ¡Nadie! Debes buscar en tu interior tus motivaciones y pensar en ellas todo el tiempo.

La confianza en uno mismo o la autoconfianza, representa la motivación necesaria para convertirnos en súper vendedores. Si tenemos expectativas positivas y confiamos en nosotros mismos, podremos superar con éxito los obstáculos que se presentan en nuestra vida. Por el contrario, si tenemos baja confianza en nosotros mismos y en nuestras posibilidades de éxito, los obstáculos o problemas pueden superarnos.

La confianza parte entonces de reconocer nuestras fortalezas y debilidades. Cada uno de nosotros es un ser único, aceptar y valorar esa diferencia, nos hace personas más seguras, empoderadas y capaces de asumir nuevos retos, superando las dificultades que puedan presentarse en el camino.

El empoderamiento es utilizar tu inteligencia, creatividad, experiencia e intuición para desarrollar las actividades de las que eres responsable, si haces parte de una organización, esta ayudara a que los procesos sean más efectivos y potenciará tu marca personal para ayudar a otros a que te sigan de manera positiva.

Algunas veces los miedos te impiden convertirte en un súper vendedor, pero es importante entender cuales razones te bloquean y debes enfrentarlos y superarlos:

- ¿Tu personalidad, tus experiencias o tus aprendizajes te impiden enfrentar retos?
- ¿Tu falta de autoconfianza envía mensajes pesimistas a tu mente y te impiden avanzar?
- ¿Tus pensamientos negativos te impiden asumir nuevos retos?
- ¿El miedo a lo desconocido te paraliza?

– ¿Tu falta de experiencia o tus creencias limitantes te impiden tomar decisiones?

Si quieres tener el súper poder de las ventas, tienes que convencerte de tu capacidad de tomar decisiones y de desarrollar una estrategia para lograr tus metas de ventas. Cualquier éxito que tengas en tu proceso de transformación en un súper vendedor será el resultado de tus propios esfuerzos y si fracasas algunas veces simplemente es una señal de que debes seguir aprendiendo.

Debes asumir el control de tus acciones y convencerte de tu capacidad de alcanzar los objetivos de ventas, superando cualquier obstáculo, objeción o competencia que se presente en el camino, ese es el secreto de tu empoderamiento. Para sentirte empoderado de ti mismo, es importante que creas en ti, que valores lo que eres, lo que piensas y sobre todo que veas tus propios logros con orgullo, tú eres un súper vendedor.

Mientras más avances en el conocimiento de técnicas de ventas, más aumentará la confianza en que puedes enfrentarte al mercado y te sentirás más empoderado, esto te permitirá conocer nuevos clientes, enfrentar nuevos procesos, superar las dificultades e incrementar tu nivel de resiliencia. Para incrementar la confianza en ti mismo, debes volver a programar tus experiencias para convertir todos los mensajes negativos de tu pasado en aprendizajes provechosos para reafirmar la imagen positiva de ti mismo frente a cualquier situación.

El empoderamiento te ayudará a convertirte en un súper vendedor:

- Hablan con seguridad y confianza de lo que piensan, expresan sus ideas y sus sentimientos porque saben que son importantes.
- Emprenden nuevos negocios y buscan ayudar a sus clientes con ideas transformadoras, de innovación y de invención, proponen soluciones creativas y se arriesgan porque confían en sus propias habilidades y en las de los demás.
- Son flexibles, manejan su tiempo y sus habilidades para alcanzar metas, sin esperar a que les digan qué hacer y asumen sus responsabilidades con una actitud abierta al aprendizaje.

Cinco claves para convertirte en un súper vendedor empoderado:

- Define los objetivos que quieres alcanzar en tu desarrollo como súper vendedor.
- Define que temas quieres aprender y ponte en acción sin perder más tiempo.
- Participa en la creación del plan de ventas de tu organización, involúcrate en el proceso.
- Ayuda a otros vendedores a transformarse en súper vendedores.

- Conviértete en una guía o un referente en tu trabajo.

Estas claves te harán sentir como un verdadero super vendedor y te permitirán aumentar el nivel de empoderamiento y confianza en ti mismo.

6

La automotivación

Imagina ir a comprar un carro con toda la ilusión y ser atendido por un vendedor desmotivado:

Cliente: Buenas tardes, ¿cómo está señor vendedor?

Vendedor: Pues regular, a mi hijo lo dejó el bus del colegio y no llevó la tarea, cortaron el agua en mi barrio y no pudimos bañarnos, mi computador no quiso prender hoy, no logré conseguir un transporte público para llegar temprano a la oficina y tuve que caminar dos horas, y para completar, mi jefe esta estresado y nos informó que si no cumplimos las metas de ventas se van a tomar decisiones respecto al equipo comercial.

Probablemente el cliente dirá: "¡Volveré otro día cuando las cosas estén mejor!"

En ventas la motivación es muy importante por varias razones. Primero porque el vendedor se va a dar cuenta que le falta esa energía interna para lograr las metas. Segundo porque tus clientes se van a dar cuenta que no estás motivado y eso es una señal que transmite desconfianza. Tercero porque los jefes se van a dar cuenta, el vendedor desmotivado no logrará los resultados que esperan.

Por todas estas razones los vendedores tenemos que aprender a gobernar y entrenar esa voz interna que nos paraliza, que nos llena de miedos y que nos hace ver todos los obstáculos posibles que nos impiden lograr los objetivos. Todos tenemos situaciones complicadas en nuestras vidas, los vendedores no somos la excepción, pero en nuestro caso tenemos que aprender a manejar la desmotivación y los problemas, para que no se noten en nuestras relaciones con los clientes. Recuerda que el 93% de la comunicación se produce de forma no verbal, por lo tanto, independientemente que no menciones aquellas cosas que te afectan, tu cuerpo las va a expresar y los clientes lo van a notar.

Algunos de los beneficios que trae la motivación y que ayudan mucho en la gestión comercial son los siguientes:

- Mayor creatividad para ofrecer a los clientes diferentes opciones y alternativas para comprar tus productos o servicios.
- Más energía para desarrollar el trabajo comercial, para hacer más visitas, más

llamadas y sobre todo para mantener el ánimo durante tus presentaciones de ventas.

- Mayor flexibilidad para adaptarte a las situaciones propias de los clientes.
- Mejor salud por mantener una actitud positiva.
- Mejor reputación por mostrarse como una persona que tiene disposición de servicio, eso es algo que a los clientes les encanta.
- Mayor productividad porque vas a poder atender a más clientes.

Todos tenemos días donde la motivación nos florece, donde queremos hacer muchas cosas y conseguir muchos clientes, pero también tenemos días donde la batería interna nos marca "Low Battery". Antes de explicar cómo lograr la motivación para vender, es importante entender que existe motivación extrínseca e intrínseca.

La motivación externa o extrínseca se origina por aspectos ajenos a nosotros mismos y se basa en realizar acciones que nos lleven a dos consecuencias: ganar beneficios o evitar castigos. El problema es que tarde o temprano se presentan dificultades que nos impiden lograr lo que nos hemos propuesto, no tenemos control de las circunstancias externas a nosotros.

El reto para los vendedores es hacer un cambio de mentalidad y entrenar nuestro cerebro para modificar la forma como busca recompensas y pasar a una motivación interna.

La motivación interna o intrínseca se origina adentro nuestro, para encontrarla es necesario hacer un análisis profundo de las razones que nos mueven y de entender nuestro propósito en la vida. No es un proceso fácil, pero te puedo asegurar que es la forma que utilizan los súper vendedores para mantener la alegría independientemente de las circunstancias, algunas acciones que puedes llevar a cabo son las siguientes:

- Escribe una lista de propósitos de vida.
- Evita escuchar noticias e invierte el tiempo en escuchar cosas que te hagan crecer.
- Haz una lista de tres cosas buenas que hiciste en el día.
- Enfócate en desarrollar esos aspectos que haces mejor que los demás,
- Llama diariamente a cinco clientes e interésate en saber cómo están.
- Busca una frase que te permita automotivarte diariamente.
- Haz ejercicio frecuentemente para mantener el enfoque y manejar el estrés.

7

Resiliencia y tolerancia a la frustración en ventas

Hace algún tiempo, recibí un correo de un cliente que decía lo siguiente: "...gracias por participar en este proceso de licitación, aunque su producto es muy interesante, hemos elegido una alternativa diferente a la de su oferta", te confieso que quedé devastado, vinieron a mi mente muchas preguntas, ¿Qué hice mal?, ¿Qué hubiera podido hacer mejor o haber hecho diferente?, ¿Qué me faltó argumentar?, etc. esta es una situación muy frustrante, y espero no acostumbrarme nunca a aceptar la pérdida de un negocio como si no hubiera pasado nada, prefiero pensar dos cosas, la primera que es un paso más para acercarme a la próxima venta y la segunda que es una oportunidad de aprender y corregir.

Tal vez construí este carácter a partir de mis experiencias de vida, quizás se debe a que el equipo de futbol de mis amores me ha forjado la capacidad de afrontar la derrota con mucha más frecuencia de la que quisiera y a reponerme rápidamente de los golpes del destino. Siempre me doy la oportunidad de sentirme mal, de reflexionar apasionadamente y de imaginar qué habría pasado si el resultado hubiera sido diferente, pero nunca permito que ese sentimiento se ancle en mi vida, lo suelto y permito que mi tenacidad aflore y continúo soñando y luchando por lograr los objetivos.

Existen dos conceptos que es importante entender: frustración y resiliencia. El primero, la frustración, es un estado transitorio, como pueden ser la alegría, la tristeza, la emoción o el enamoramiento, no son sensaciones permanentes, sino que cambian de acuerdo con las circunstancias, algunas veces con mayor rapidez que otras, son parte integral de la vida y todos las vivimos de una forma u otra, algunas veces con mayor o menor intensidad, son parte de la existencia y como tal tenemos que entenderlas. Por otra parte, está la resiliencia, que es la capacidad de volver al estado original, como lo hacen los resortes, que se comprimen con presión, pero vuelven a su estado original una vez los soltamos.

La frustración es un sentimiento que a todos nos pasa por miles de razones: llegar tarde a una cita, no lograr el puntaje en una prueba, perder el taxi que necesitamos, fracasar en una relación sentimental o perder una venta, son algunas cosas que nos causan frustración, es importante aprender a manejar estas situaciones de forma constructiva, porque un sentimiento de frustración mal manejado podría terminar en depresión. He aprendido un truco para superar el sentimiento de frustración que todos podemos poner en práctica y es: actuar en el sentido contrario al sentimiento, es decir hacer algo que nos genere mucho orgullo, llamar a un cliente satisfecho, escribir sobre esos temas que me apasionan, salir a pasear, compartir con amigos o ayudar a alguien a hacer algo que a mí se me facilita y que hago muy bien.

En cuanto a la resiliencia todos hemos aprendido algo al respecto desde nuestra infancia, balanceando nuestra capacidad de reaccionar ante las adversidades y volver a la calma, es cuando pasamos repentinamente del logro al fracaso. Algunas de las cualidades que he observado en los súper vendedores son las siguientes:

- Autoconocimiento y autoestima: Los súper vendedores reconocen su valor y saben que dan el 100% por sus clientes, se enfocan en conocer muy bien sus productos y en desarrollarse permanentemente, no se estancan ni creen haber alcanzado la cima nunca, siempre están trabajando en un nuevo prospecto y tienen muchos clientes objetivo. Este constante deseo de mejorar se refleja en su autoestima y les permite creer en su capacidad a pesar de perder algunas ventas.
- Empatía: He podido observar que los súper vendedores tienen una gran capacidad de ponerse en el lugar del otro y de entender, desde su propia perspectiva, los

sentimientos y motivaciones ajenas, lo cual les ayuda a desarrollar la capacidad de dar afecto y también de recibirlo. Esto propicia la creación y el crecimiento de una red social amplia con quienes puede apoyarse para superar todas las adversidades y ganar ideas.

- Optimismo: Esta es una de las características que más disfruto de los súper vendedores porque es muy contagiosa y porque transforma las tormentas en días de sol. Cuando llega la frustración es como un velo que nos impide ver las cosas buenas y entender que todas las circunstancias son pasajeras, pero adicionalmente no ven solo lo negativo, sino que siempre están concentrados en lo que si pueden cambiar, en lo que sí depende de ellos, en las oportunidades que tienen al frente.
- Perseverancia: La clave de los vendedores perseverantes es que entienden perfectamente su propósito y hacen de cada venta un escalón que les permite ir cumpliendo objetivos. Una venta es una meta volante. Durante el proceso vas a encontrar metas continuamente y por eso tener muchos prospectos te permitirá alcanzar la excelencia y mejorar la efectividad. Los vendedores experimentados saben que no deben cambiar su propósito, en lugar de eso se adaptan para cambiar de estrategia una y otra vez de acuerdo a las circunstancias.

No permitas que una venta perdida arruine tu propósito, solo es un obstáculo que debes vencer. Permítete sentir frustración, pero supéralo aplicando estas recomendaciones, recuerda que tu propósito es mejorar y crecer en tu habilidad.

8

El manejo del tiempo

Cuando empecé mi carrera en ventas, sabía que prospectar era muy importante, así que buscaba clientes todo el tiempo y empecé a llenar mi agenda de citas y reuniones, pero cuando intentaba cumplir todos mis compromisos, entre los cuales tenía muchas capacitaciones, desarrollo de presentaciones, reuniones con mi jefe, entregas con clientes y muchas otras actividades propias de ventas, empecé a incumplir mi propia agenda y a perder muchas oportunidades, lo cual me llevó a replantear la forma como debía manejar mi tiempo para utilizarlo más eficazmente. Si quieres desarrollar tu súper poder de las ventas, tienes que aprender a manejar tu tiempo.

Administrar tu tiempo consiste en que puedas planear, organizar, programar y controlar tus actividades. Debes ajustar tus tareas al tiempo que tienes y no el tiempo a las tareas, porque no puedes alargar el día, esto te permitirá aumentar tu productividad y ser más efectivo.

"Si el tiempo es lo más caro, la pérdida de tiempo es el mayor de los derroches"

Benjamín Franklin.

Los súper vendedores saben manejar adecuadamente el tiempo en su vida diaria y logran tener tiempo suficiente para ejercitarse, disfrutar con su familia, desarrollar sus habilidades de ventas y trabajar con mucha energía y pasión. Es muy importante que tu entiendas la relevancia de administrar muy bien tu tiempo, esto te permitirá:

- Avanzar en tus proyectos.
- Disminuir la presión y manejar el estrés.
- Construir rutinas y mejorar la calidad de tu trabajo.
- Ser más productivo.
- Enfocarte en lo importante.

Te voy a dar una pequeña lista de las actividades que hacen los súper vendedores:

- Prospectar diariamente (Telemercadeo, redes sociales, referidos, networking, trabajo de campo, etc.).
- Visitar nuevos clientes o atenderlos en sus locales o vitrinas.
- Visitar a sus clientes frecuentes y fidelizarlos.
- Preparar propuestas u ofertas de valor.

- Estudiar sus productos y los de la competencia.
- Preparar capacitaciones para sus clientes más importantes.
- Estudiar técnicas de ventas.
- Preparar presentaciones de sus productos o servicios.
- Diligenciar sus sistemas de información o CRM.
- Realizar el trabajo administrativo de sus empresas.
- Planificar sus próximas visitas.
- Conseguir el financiamiento para sus clientes.
- Crear nuevos clientes en las plataformas de facturación o conseguir documentación.
- Hacer gestión de cobro.
- Desplazarse y esperar a ser atendidos.
- Atender cientos de llamadas.
- Memorizar las listas de precios y buscar información de la competencia.
- Segmentar su mercado.
- Asistir a eventos, ferias y congresos.
- Gestionar su marca personal en redes sociales y promocionar sus servicios.
- Atender las reuniones con sus jefes.
- Entregar sus productos.

Como puedes ver, convertirte en un súper vendedor requiere mucho trabajo, sin embargo, todo esto lo puedes hacer si planificas bien tu tiempo y organizas estratégicamente tu agenda, por eso te voy a dar diez recomendaciones para que puedas ser más eficiente con tu tiempo:

- Haz una lista de todas las tareas que tienes que hacer.
- Determina qué tareas debes hacer diaria, semanal y mensualmente.
- Planifica tu día, tu semana y tu mes, hazlo para los siguientes tres meses.
- Establece un horario que puedas cumplir y realiza las tareas siempre a la misma hora.
- Inicia tu día revisando tu agenda y procura cumplir las actividades.
- Establece un horario para revisar tu correo y devolver llamadas.
- Establece un horario para las citas con tus clientes y procura agendar siempre en ese horario.
- Si las tareas te toman menos de cinco minutos realízalas lo antes posible.
- No dejes que se te acumulen tareas administrativas.
- Aprovecha el tiempo de desplazamientos o de espera y utilízalo para prospectar o llamar a tus clientes.

Tú tienes el súper poder de manejar el tiempo, es lo más valioso que tienes, aprovecha cada instante y no lo desperdicies.

SEGUNDA PARTE

EL PODER DE RELACIONARTE

1

Empatía, rapport y PNL

Cuando estaba iniciando mi carrera en ventas en una gran multinacional del sector automotriz, tuve la oportunidad de trabajar con un súper vendedor, quien me hizo la formación y entrenamiento en todos los procesos que tenía la empresa y en la metodología de ventas que utilizaban. Lo acompañé por un par de meses a realizar muchas visitas a clientes y pude observarlo muy de cerca. Un aspecto que me llamó particularmente la atención fue su capacidad de generar una conexión emocional y profesional con todos los clientes que visitábamos, muchos de los cuales eran nuevos clientes. En cuestión de minutos parecía haber tenido una relación de tiempo atrás e inicialmente pensé que se trataba simplemente de su personalidad arrolladora, pero con el tiempo entendí que era parte de su estrategia de comunicación y que esta habilidad la había desarrollado estudiando sobre empatía, rapport y programación neurolingüística (PNL).

Las habilidades de comunicación y empatía las puedes aprender. No debes tener una forma de ser particular para ser un vendedor estrella. Tampoco pretendo volver este libro un manual de empatía, rapport o PNL. Sin embargo, quiero explicarte los conceptos para que entiendas la importancia de conocer y ahondar en estos temas, que son fundamentales para convertirte en un súper vendedor y puedas tener más éxito con tus clientes.

La empatía es una de las cualidades más importantes que debe tener toda persona que se desempeñe en la profesión de ventas, significa ponerse en los zapatos del otro, entender las preocupaciones de nuestros clientes, identificar sus problemas y ayudarlos a encontrar soluciones, incluso si el producto que ofrecemos no es el adecuado para ellos. Tener empatía también significa desarrollar tolerancia y comprensión, y entender el mundo de la forma como lo ven nuestros clientes. Desarrollar la habilidad de generar empatía va a aumentar tu capacidad de influencia, de comunicación, negociación y colaboración, lo cual nos coloca en la posición de entender emocional y racionalmente a tus potenciales clientes.

Cuando adoptas una forma de ser empática y la practicas con frecuencia, puedes empezar a escuchar mejor, comprender al cliente, formular preguntas más acertadas, generar una base para tener una mejor comunicación y construir relaciones más sólidas. A continuación, te doy cinco recomendaciones para que desarrolles tu empatía y puedas emplearla con tus clientes potenciales:

- Observa el lenguaje no verbal de las personas a tu alrededor y trata de entender porque están actuando de una determinada forma.
- Intenta personificar los gestos, acciones y movimientos de las personas a tu alrededor colocándote en su situación.
- Entabla conversaciones con tus clientes haciendo preguntas sobre ellos y la forma como se están sintiendo y lo que está sucediendo en sus vidas.
- Evita dar opiniones personales o consejos a tus clientes, en lugar de esto, procura compartir experiencias de otros compradores.
- Utiliza expresiones como: "te entiendo" y reformula sus ideas haciéndoles ver a tus clientes que entiendes su posición y que estás dispuesto a ayudarle más allá del cierre de venta.

Entre más trabajes la empatía, desarrollarás una mayor capacidad de comprender a tus colegas y clientes y lograrás prevenir y anticipar reacciones o situaciones que puedan afectar tus ventas y el ambiente con tus compañeros de trabajo.

La palabra rapport viene del francés "rapporter", que traduce devolver, pero en el sentido de comunicación que es el que nos interesa, es una estrategia que consiste en vincularse con otra persona a nivel psicológico y emocional para que puedan producirse cambios en alguna de las personas que interactúan.

El rapport se utilizó como estrategia de comunicación inicialmente en el sector de salud, logrando que, mediante ciertas técnicas, los médicos pudieran relacionarse con sus pacientes y lograr una comunicación acertada, incluso en los momentos más difíciles; o con niños, quienes pueden sentir temor al asistir a una consulta médica y no expresar claramente lo que están sintiendo, básicamente por miedo o por desconfianza.

Aunque muchas personas tienen la habilidad de generar rapport de forma natural, es importante entender que se trata de un acto consciente y premeditado, es una estrategia de comunicación que debe desarrollarse con el objetivo de tener una mejor comunicación y empatía con nuestros clientes.

El rapport se basa en tres pilares fundamentales que son: coordinación, reciprocidad y lugares comunes. Estos tres elementos constituyen la base que debes tener en cuenta para gestionar tu comunicación con los clientes.

La coordinación consiste en acomodarse a otras personas desde los gestos, las palabras y las emociones. Es decir, no solo basta con replicar su lenguaje no verbal, es importante también igualar su tono de voz teniendo en cuenta su estado emocional, lo cual genera empatía para ambas partes.

La reciprocidad consiste en encontrar la forma de mostrarle a tu cliente que lo que está diciendo es muy importante para ti, para esto debes practicar la escucha activa e interesada y buscar en las palabras todos los detalles que te permitan entender muy bien a tu cliente.

Los lugares comunes se refieren a esos aspectos en los que puedes tener afinidad con tu cliente, por ejemplo, gustos, aficiones, hobbies que pueden facilitar el diálogo y generar una conexión.

La guía que debes seguir para desarrollar la habilidad de generar rapport consiste en cinco pautas principales:

- La primera impresión es muy importante, por eso debes anticiparte y prepararte para las situaciones y relaciones que vas a enfrentar durante tu próximo día.
- Presta atención al lenguaje verbal y no verbal tuyo y de tu interlocutor, procura imitar y mantener la misma comunicación que emite tu cliente.
- Ten coherencia entre lo que dices y haces con tus gestos y movimientos.
- Pon a prueba el rapport realizando algún cambio en tu postura o tu posición y observa la reacción de tu cliente.

- Haz una evaluación constante del resultado de tus reuniones con clientes y revisa qué hiciste bien o qué puedes mejorar.

La técnica de generar rapport es muy útil para vender, enfócate en mejorar estas habilidades y procura tener consciencia de tu comunicación.

La tercera técnica sobre la cual debes desarrollar tus habilidades de comunicación se denomina programación neurolingüística o PNL, al igual que las otras dos técnicas desarrolladas anteriormente, esta te ayudará a generar una mejor relación y conexión con los clientes.

La PNL surgió en los años 70's, gracias a dos señores, John Grinder y Richard Bandler, que luego de muchos estudios y observaciones, entendieron que los individuos tienen diferentes formas de percibir el mundo y comunicarse de acuerdo con ciertas características particulares y, por lo tanto, se debe desarrollar una comunicación enfocada en la forma como cada uno percibe la realidad.

De acuerdo con la PNL existen tres tipos de personalidad, las cuales se denominan visuales, kinestésicas y auditivas, y aunque todos tenemos un poco de estas características, normalmente predomina una de ellas, por lo tanto, resulta muy importante identificarlo y generar una comunicación verbal y no verbal, enfocada en estas características particulares.

Desde la perspectiva de ventas, es muy importante lograr una conexión con tus clientes y por eso es necesario desarrollar las habilidades para reconocer el canal de comunicación predominante en tus clientes y también entender cuál es tu propia característica, para poder acomodarte y desarrollar acertadamente tu estrategia de acuerdo a cada circunstancia particular.

Para entender el principio de comunicación que nos enseña la PNL es importante comprender las características de los tres tipos de personalidad definidos y los rasgos más característicos de cada uno de ellos:

Personas kinestésicas (45% de la población): Su característica predominante es que piensan y se expresan a través de sentimientos. Utilizan expresiones como: "siento que no está bien", "tengo la impresión de que podríamos hacer esto". Las personas kinestésicas son sensibles al tacto y al olfato, normalmente tienen un actuar más pausado, les gusta el contacto físico, son sensibles a los abrazos, a tomar de la mano y, a tener proximidad y cercanía con los demás. Tu habilidad identificando este tipo de personas, te permitirá utilizar esta comunicación a tu favor, porque puedes estimular sus sentidos, pidiéndoles sentir y tocar tu producto.

Personas visuales (35% de la población): Este tipo de personalidad tiende a pensar a través de imágenes. Su lenguaje está relacionado con la visión, utilizan expresiones como "ya veo lo que quiere decir", "no lo tengo claro" o "podríamos enfocarnos en este tema". Normalmente actúan rápido, prefieren tener distancia para poder observar mejor y ver los movimientos. Reconocer este tipo de personalidad te va a permitir enfocarte en formas de comunicación que les resulte atractiva, las presentaciones con imágenes de producto o fichas técnicas son muy importantes, también puedes aprovechar este conocimiento para mostrarles el producto detalladamente y causar sensaciones en el sentido visual.

Personas auditivas (20% de la población): En las personas que tienen esta predominancia, los sonidos son muy importantes, algunas expresiones que utilizan con frecuencia son "me suena extraño", "he escuchado eso anteriormente" o "¿podrías volver a mencionar las características?". Tienen una forma pausada de decir las palabras, normalmente dan mucha información y tienden a hablar más tiempo. También se observa que son reflexivos y se sienten cómodos acercándose a la gente para escucharla mejor.

Los vendedores estrella no solamente se enfocan en desarrollar habilidades técnicas y el conocimiento de sus productos, tampoco se enfocan exclusivamente en técnicas de negociación o metodologías de ventas, sino que complementan su educación y formación buscando desarrollar muchas otras habilidades, entre las cuales la comunicación es una muy importante, porque es el medio para transmitir y generar relaciones de confianza con el propósito de realizar ventas.

2

La comunicación asertiva

En cierta ocasión fui a visitar a un cliente en compañía de un colega del área de ingeniería de la empresa en la que trabajaba. Él no era una persona comercial, ni tenía experiencia en ventas. Uno de los objetivos de esa visita, era definir el producto apropiado para este cliente. Hicimos un gran trabajo de investigación y preparamos un informe muy completo y detallado.

Al finalizar el trabajo, nos dispusimos a presentar al cliente los resultados. Tomó la palabra mi compañero, empezó su exposición explicándole al cliente todo lo que estaba mal en su operación, los problemas en sus instalaciones, la falta de equipos de mantenimiento, la inexperiencia de sus operarios técnicos y muchos hallazgos más que habíamos encontrado. El tono y su expresión corporal fueron agresivos y poco propositivos. Adicionalmente, se enfocó en todos los problemas del cliente sin hacer ninguna propuesta.

Al finalizar la reunión, mi contacto me llamó aparte y me dijo: "tú eres muy querido y amable, pero queremos informarte, que tu colega no puede volver a ingresar a esta empresa".

Fue una situación muy incómoda, porque a pesar de que la información presentada era real, no fue la forma correcta de exponerla y menos para lograr los resultados que nos habíamos propuesto. Afortunadamente, mediante algunas técnicas de comunicación y manejo de clientes, pude componer la situación y mantener la confianza y la relación con el cliente.

La comunicación es la forma en la que se transmite un mensaje entre dos interlocutores y se estructura sobre las capacidades de hablar y de escuchar. Es la forma como interactuamos socialmente con otras personas, incluyendo nuestros clientes, y está sujeta a la forma como el receptor percibe el mensaje de acuerdo a sus conocimientos, percepciones y emociones.

La comunicación en sí no es suficiente para desarrollar una relación con tus clientes. Conozco muchos vendedores con problemas de comunicación que pierden oportunidades por no practicar la asertividad en su manera de expresarse, esta es una habilidad básica para el trabajo en ventas. La expresión de ideas, opiniones, propuestas o incluso oportunidades de mejora en clientes requieren comunicación asertiva, la cual parte de una actitud positiva hacia los demás y evita quejas, ofensas y enfrentamientos.

Debes tener en cuenta que la comunicación no verbal también debe ser asertiva. Una situación que he observado con frecuencia, son los vendedores que contestan el teléfono en medio de una sesión de ventas con sus clientes, lo cual no es una actitud asertiva.

Otros aspectos que debes tener en cuenta en tu comunicación no verbal, que te ayudarán a ser más asertivo son los siguientes:

- Mantener una posición erguida pero relajada.
- No es recomendable cruzar los brazos, sino mantenerlos abiertos.
- Debes usar las manos para acompañar con gestos ilustrativos algunas de las palabras.

Comunicarte asertivamente es importante cuando hablas, pero también cuando escuchas. A continuación te presento algunas recomendaciones en cualquiera de estas situaciones:

Si estás hablando

- Referirte únicamente a tu experiencia personal sin generalizar todas las situaciones.
- Hablar con tus clientes de forma directa y sin excusas, pero propositivamente.
- Aprende a decir NO sin culpa ni vergüenza, pero siempre que sea posible ofrece alguna alternativa aceptable.
- Pregúntale a tu cliente si te has explicado bien

Si estás escuchando

- Escuchar a tu cliente de forma activa sin interrumpir ni anticiparte a responder.
- En caso de confusión sobre las necesidades o problemas de tu cliente, pregunta una y otra vez hasta que tengas todo claro
- Mantén siempre la voluntad de llegar a acuerdos y aplica las técnicas de negociación de ventas.
- Dile a tu cliente que has entendido sus inquietudes.
- No interrumpas nunca a tus clientes cuando están dando alguna explicación o contando sus necesidades.
- Haz preguntas abiertas y cerradas a tus clientes; permíteles hablar y expresarse.
- Identifica las emociones de tus clientes y observa su comunicación no verbal.

Ten empatía con tus clientes y practica la comunicación asertiva, esto te ayudará a mantener y mejorar tu relación comercial, te permitirá ser percibido como un asesor competente para resolver problemas y proponer soluciones.

3

Neuroventas

Hace un tiempo fui con mi esposa a conocer un proyecto de casas de verano cerca de mi ciudad, nos atendió una vendedora muy profesional, nos dio un recorrido por todo el condominio, nos mostró la casa modelo y se enfocó en todos los aspectos que le interesaban a mi esposa, nos dio información de precios y formas de financiación, finalmente nos fuimos sin tomar ninguna decisión.

Al día siguiente la vendedora nos llamó y nos dio la siguiente información: "Hoy vendimos dos casas pero aún nos quedan diez, anímense a invertir en este proyecto. Al siguiente nos volvió a llamar "Hoy vendimos tres casas más pero aún nos quedan siete, no pierdan la oportunidad".

Finalmente, después de tres llamadas con la misma información, decidimos comprar una de las casas, desde el primer momento me di cuenta que su estrategia había involucrado argumentos racionales y emocionales, y también estaba apelando a los aspectos básicos de seguridad y escasez. Me pareció muy buena su técnica, teniendo en cuenta que su información era cierta, estaba vendiendo muy rápidamente las casas. Poco tiempo después ya había vendido todo el proyecto.

Muchos vendedores utilizan el modelo de venta enfocado en producto, algunos un poco más expertos, han adoptado la metodología consultiva, buscando ser más influyentes en sus clientes mediante una identificación de situaciones, consecuencias y necesidades, con las que elaboran propuestas a la medida, incluso hay nuevos enfoques de ventas aún más avanzados, mediante la estrategia de vendedores desafiantes, que se vuelven parte del equipo de desarrollo de soluciones del mismo cliente, lo que los vuelve mucho más influyentes y determinantes en el proceso de ventas.

En cualquier caso o metodología de ventas que se lleve a cabo, entender la psicología del cliente y comprender el funcionamiento del cerebro, que impulsa la forma como las personas compran, es útil para establecer maneras de argumentación y presentaciones de producto más efectivas, basadas en aspectos racionales, emocionales e instintivos lo que nos permite generar más ventas.

Con frecuencia, las áreas de marketing o de publicidad, realizan estudios de neuromarketing, "focus groups" o estudios de consumidor y establecen campañas de comunicación o de generación de interés, enfocadas en la psicología del cliente, sin embargo, he observado muchos vendedores que no utilizan los mensajes adecuados, ni los argumentos correctos, generando una desconexión entre la publicidad y el momento de la venta de cara al cliente.

Cuando conoces la mente humana y sabes como se comporta el cerebro, estas en capacidad de brindar a la mente de tu cliente, las palabras y los argumentos correctos para satisfacer su deseo o superar sus miedos, es así como las neuroventas se han convertido en una ciencia que nos ayuda a desarrollar un trabajo comercial, nos permite ahorrar energía y tiempo, y nos brinda la posibilidad de ser más efectivos, eficientes y profesionales en el método de ventas que utilicemos

Las neuroventas se basan en estudios de comportamiento, pero no son una ciencia exacta, porque existen muchas variables que pueden cambiar de acuerdo a ciertas características demográficas o psicográficas como la edad, el sexo, la cultura y la educación, sin embargo, nos brindan patrones de comportamiento que por medio de nuestra observación, durante el trabajo de ventas con el cliente, nos permiten entender algunos motivadores que podemos aprovechar para que nuestros argumentos tengan más contundencia.

La ciencia nos ha permitido entender el cerebro humano y determinar que tiene diferentes áreas que se activan para procesar información de forma muy precisa y con enfoques muy específicos. La complejidad del cerebro humano es impresionante y no pretendo simplificarla, sin embargo, entender la generalidad de su funcionamiento nos permite tener en cuenta nuevos aspectos de forma racional y lógica, y así desarrollar el trabajo en ventas accionando algunos elementos claves para convencer y persuadir mejor a los clientes con nuestras argumentaciones y estrategias.

A mediados de los años 50's, el médico y científico Paul D. MacLean, desarrolló una teoría de evolución del cerebro humano, determinando que existen tres tipos de cerebros: reptiliano, límbico y córtex. Esta teoría ha sido muy controvertida, sin embargo, desde el punto de vista de investigaciones de neuromárketing y comportamiento del consumidor, han resultado ser muy efectivas y nos han permitido generar comunicaciones que activan todas o algún área específica, generando resultados muy positivos en ventas.

El cerebro reptiliano es el más básico y primitivo, en él se procesan las actividades de supervivencia o necesidades más elementales. Es un cerebro incapaz de procesar lenguaje verbal y es instintivo, actúa en el momento y nos permite reaccionar al instante en determinadas circunstancias.

El cerebro límbico, está ubicado en la región media y se encarga de procesar emociones, esto es muy útil porque nos permite entender que no solo debemos venderles a las personas por un juicio racional, hay muchos otros elementos que tienen poder y no se explican solamente con razones o argumentos, simplemente porque tienen la capacidad de capturar sentimientos y sensaciones.

El cerebro córtex, está ubicado en la región externa o corteza y procesa información racional, nos ayuda a analizar datos, a realizar operaciones lógicas, también tiene algunas características que nos ayudan a adaptarnos a la sociedad, entendiendo reglas, conductas o principios y genera reacciones en nuestro cuerpo de acuerdo con la información que recibe, es el encargado del lenguaje verbal y por lo tanto es el que nos permite evolucionar como sociedad y nos permite desarrollar las habilidades basadas en la razón.

Con base en el entendimiento anterior, podemos empezar a sacar conclusiones muy útiles para vender más efectivamente, la primera es que los argumentos procesados con el cerebro primitivo son los más efectivos, tienen que ver con los instintos y se basan en aspectos que nuestra mente considera fundamentales. Se han descubierto al menos diez conceptos que son altamente motivados por estos instintos tales como: la necesidad de placer, de control, de seguridad, de salud... que cuando los activamos el cerebro nos impulsa a actuar. Entonces en lugar de vender casas, podemos vender seguridad, unión familiar y protección; en lugar de vender vehículos costosos, podemos argumentar prestigio y poder.

Debes entender que las neuroventas te pueden ayudar a desarrollar estrategias de ventas para tener más éxito, a continuación te comparto algunas razones que he encontrado muy válidas para desarrollarte en este campo:

- Para vender con argumentos diferentes dependiendo de aspectos demográficos de tu cliente (edad, sexo, cultura, educación, etc.).
- Para entender qué quiere oír el cerebro de nuestro cliente en lugar de argumentar solo lo que nosotros consideramos importante.
- Para persuadir mejor ante las objeciones de nuestros clientes.
- Para argumentar temas diferentes al precio y generar importancia en otros aspectos.
- Para tener en cuenta consecuencias que puede sentir y percibir el cliente al comprar o no comprar nuestro producto.
- Para entender los aspectos subconscientes por los cuales nuestros clientes compran.

A continuación te doy algunas recomendaciones que te permitirán activar las neuroventas en tu proceso comercial y que puedes poner fácilmente en práctica.

- Procura diferenciarte.
- Activa las emociones.

- Cuida el lenguaje corporal y sonríe siempre.
- Activa los motivadores racionales, emocionales e instintivos.
- Interactúa con el producto.
- Justifica la compra de tu cliente.
- No invadas o estreses al cliente.

Debes entender las motivaciones por las cuales tus clientes compran tus productos, utilizando esta información podrás desarrollar tu argumentación basada en muchos aspectos adicionales a los técnicos y tu eficiencia va a aumentar a medida que lo pongas en práctica.

4

El servicio al cliente

Hace años trabajé en una compañía, que tenía un canal de ventas de más de 30 distribuidores de nuestros productos, éramos un equipo comercial de siete gerentes de ventas y cada uno tenía la responsabilidad de atender un número determinado de esos distribuidores. Cada año se hacía una nueva asignación de estos clientes entre nosotros. En general, no había ningún problema con la repartición de ellos, sin embargo, entre todos esos clientes había UNO, solo UNO, que nadie quería recibir, este distribuidor era complicado, con un mal ambiente, se quejaba permanentemente de todo y normalmente no cumplía sus compromisos.

Un año me tocó el turno de atenderlo, y por los comentarios de mis colegas que habían atendido a este cliente anteriormente, el panorama para mí era muy complicado.

Ya no trabajo en esa compañía, pero este cliente tan difícil, es hoy uno de mis mejores amigos, me llama con frecuencia a preguntar por mi familia y cuando tiene algún problema con su empresa me pide mi opinión y mis consejos, la verdad me siento privilegiado de haber podido atenderlo y servirle con mucho gusto.

A los súper vendedores les encantan los retos, saben manejar situaciones difíciles y tienen total confianza de que van a lograr conectarse con sus clientes, no dejan que los problemas afecten su equilibrio emocional y nunca, sin importar cual sea la situación, se exaltan en sus reacciones.

Muchas veces la cultura organizacional se impregna en la forma como los vendedores atienden a sus clientes, desafortunadamente muchas empresas no tienen una cultura de servicio, por el contrario, parecieran estar siempre en medio de una lucha contra los clientes.

El servicio al cliente es la esencia de las ventas, debes sentirlo y vivirlo genuinamente, porque todo lo que pase por tu mente se va a notar y lo vas a transmitir a tus clientes. Quiero darte cinco herramientas que utilizan los súper vendedores y que puedes llevar a cabo para que tus clientes se sientan bien atendidos.

Saben decir no, sin decir que no: Antes de decirle al cliente que algo no se puede hacer, utiliza una expresión como "busquemos otra alternativa", o quizás "pensemos en otro tipo de solución", esto permite mantener el diálogo constructivo y pone al cliente a reflexionar pero con energía y actitud constructiva, sin sentirse rechazado.

Utilizan el silencio como herramienta de persuasión: Si te enfrentas a un cliente molesto, que está utilizando alguna descalificación, procura guardar silencio, respira tranquilamente y deja que tu cliente note que nada de lo que diga o haga, te va a afectar, él sabe que no puede asignarte una responsabilidad personal en sus problemas y por lo tanto será mejor tenerte de aliado.

Mantienen a su cliente informado de todo el proceso: Utiliza la información a tu favor, siempre dile la verdad a tu cliente y comunícale todo lo que está pasando y lo que estás haciendo para resolver la situación, el cliente verá que estas involucrado y actuando en su favor. Un punto adicional es que los súper vendedores siempre contestan las llamadas, en caso de no poder responder inmediatamente, hazlo tan pronto puedas.

Saben que la forma es muy importante en su comunicación: Muchas veces has oído la expresión "no fue lo que dijo, sino el tonito...", mantén una comunicación asertiva, utiliza un tono apropiado para expresar tus ideas, poniéndote siempre en los zapatos del cliente.

Utiliza el rapport con tu cliente: Trata de adoptar la misma postura de tu cliente, si te está transmitiendo angustia, conéctate con esa angustia y actúa en consecuencia con una frase como "Te entiendo y te voy a ayudar", si tu cliente sonríe hazlo también, si están abordando un tema serio adopta una postura sería y hazle saber que para ti el tema es importante.

La regla de oro que utilizan los súper vendedores es "trata a tu cliente como quisieras que te trataran a ti", procura decirte esto a ti mismo todo el tiempo y empieza a vivir una cultura de servicio al cliente.

TERCERA PARTE

EL PODER DEL MARKETING

1

Principios y fundamentos de Marketing

Hace unos años tuve la oportunidad de conocer una empresa que estaba iniciando en el negocio de lubricantes para vehículos. En esa ocasión, contrataron a dos personas para trabajar en ventas, quienes recibieron una inducción de dos semanas para explicarles principalmente generalidades acerca de la empresa y los productos. Luego les entregaron una lista de precios, fichas técnicas y unos formatos de pedidos y les dieron la siguiente instrucción: "Salgan y vendan". Al cabo de un tiempo, uno de los vendedores había alcanzado un nivel de facturación interesante, el otro no había vendido prácticamente nada. Me reuní con ellos para entender qué estaban haciendo y me encontré con lo siguiente:

El primer vendedor, que no había tenido buenos resultados, se quejaba del precio, de la competencia, de los pocos clientes que había, de la falta de publicidad, etc.

El segundo vendedor, por el contrario, me mostró un perfil de los clientes que deberían utilizar el producto, un cuadro comparativo de los competidores con sus precios, un listado de clientes segmentados por tipo de industria, un mapa con las zonas de la ciudad donde había talleres y centros de lubricación; y un listado de clientes con gran cantidad de vehículos y por supuesto un plan de llamadas y visitas.

La conclusión es obvia, el primer vendedor no tenía una estrategia, mientras que el segundo había construido un plan de marketing a su medida y lo estaba ejecutando, es decir tenía una estrategia y una táctica.

No importa si usted trabaja en una empresa grande o pequeña, si usted está en el área comercial, debe conocer los principios del marketing y armar un plan a su propia escala.

Sin duda el marketing es muy complejo y requeriría años y muchas hojas, para entenderlo a profundidad, pero hay ciertas bases que le ayudarán mucho a definir los aspectos clave y a desarrollar una estrategia de ventas, antes de "salir a la jungla a cazar" sin estar preparado.

Primero empecemos por la definición de marketing que nos brinda Philip Kotler, considerado el primer líder del marketing, de acuerdo con la Asociación Americana de Marketing (AMA). Este lo define como "Una técnica de la administración para crear, promocionar y distribuir los productos para que satisfagan y estimulen, maximizando al mismo tiempo las utilidades de la empresa"

Existen siete variables, que se deben considerar para crear una estrategia sencilla de marketing, se conocen como las 7P's del marketing (producto, precio, promoción, plaza, personas, procesos y pruebas).

Es importante entender, que desarrollar en profundidad estas variables puede requerir mucho tiempo y esfuerzo, algunas empresas cuentan con equipos dedicados a desarrollar, medir, evaluar y crear acciones de marketing y, por supuesto, que eso es muy deseable, pero también hay muchas empresas que no tienen esa capacidad, por lo tanto, el vendedor debe avanzar desarrollando una estrategia a su medida, involucrando estas variables, y monitorearlas en el campo de juego.

Hacer una estrategia de marketing básica, consiste en escribir y poner "en blanco y negro" estas variables de acuerdo con su producto o servicio y entender lo más profundamente posible cada una de ellas.

Producto: Es quizás la variable más importante y el principio de todo, es lo que le da un sentido y un norte a todo el plan, consiste en preguntarse: ¿Qué producto vende?, ¿Qué necesidades satisface?, ¿Qué características tiene?, ¿Qué valor agregado obtiene el cliente al comprarlo?,

¿Qué productos compiten con el suyo?, ¿Qué ventajas tiene sobre la competencia?

Precio: Esta es una variable muy importante, pero muy compleja a la vez. Se trata de entender cuál es su precio en relación con los productos con los que compites y que características hacen que tu producto tenga un precio mayor o menor. Quizás no puedas modificar el precio, pero si puedes entender con quién compites y por supuesto, afinar tus argumentos para poderlo vender en las condiciones que establece tu mercado particular.

Promoción: Esta variable busca entender y determinar cuáles herramientas puedes utilizar para informar, persuadir y recordar tu producto. El objetivo es estimular las ventas en periodos de tiempo y espacio. Algunos ejemplos de promociones son las siguientes: "Dos por el precio de uno", "compre uno y lleve el segundo a mitad de precio" o "20% de descuento en la primera compra". También en la promoción puede incluir muestras gratis, obsequios o material POP (Point of Purchase) que usted esté en capacidad de obsequiar.

Plaza: Son los lugares donde promocionarás tus productos, pero también en esta variable debes incluir los aspectos implícitos en relación con el lugar donde vas a comercializar, como la logística, el almacenamiento y los costos de envío. No olvides que el Internet es un lugar que debes incluir y que hoy en día es básico contemplar en la venta de casi cualquier producto o servicio.

Personas: Es el listado de todas aquellas personas que necesitas y con quienes cuentas para comercializar tu producto o para que tu producto pueda funcionar, por ejemplo, si vendes maquinaria agrícola, debes saber si existen personas capacitadas para operar esa maquinaria, porque en caso contrario, en tu gestión de ventas, debe preparar el terreno para formar a las personas necesarias.

Procesos: Esta variable busca entender todos los procesos involucrados que se requieren para que el producto llegue al cliente satisfactoriamente, implica entender claramente qué procesos deben ejecutarse para lograr la entrega, pueden ser aspectos de producción, logística, consultoría, entre otros.

Pruebas: Esta se ha convertido en una variable muy común hoy en día, puesto que con tantos competidores, hacer pruebas y demostraciones, ha cobrado mucha relevancia y se ha vuelto una herramienta importante para demostrar las bondades y valor agregado de nuestros productos.

Una vez definidas estas variables, tu cuentas con un plan básico de marketing que te permitirá abordar el mercado, desde una perspectiva más clara, que con total seguridad se verá traducido en mayores posibilidades de éxito en tus ventas.

2

El cliente potencial

En cierta ocasión acompañé a un vendedor a visitar a un cliente, viajamos un par de horas y al llegar tuvimos que esperar otro tiempo adicional. Finalmente nos recibió una persona muy atenta y el vendedor se dispuso a realizar la presentación y la argumentación del producto. Empezó a describir detalladamente las características y a explicar porque era la mejor opción, realmente hizo una presentación impecable.

El cliente se mantuvo muy atento y en silencio durante toda la exposición, incluso al finalizar hizo algunas preguntas. El momento incomodo se produjo después cuando nos dijo: "todo me parece genial y esta muy bien explicado, pero en esta empresa no tenemos nada relacionado con ese producto y no creo que sea necesario para nosotros". Este es un caso donde el cliente no estaba bien perfilado, no se había realizado suficiente estudio e investigación sobre él y por supuesto se perdió tiempo y dinero.

Hoy en día los consumidores son más exigentes que en el pasado, debido a que cuentan con mayor información sobre productos, competidores o sustitutos en un entorno globalizado. Adicionalmente tienen mayor acceso a información de precios, promociones y otros valores agregados disponibles. Por esto es muy importante entender, definir y perfilar el tipo de consumidores potenciales que se tienen para poder prestar servicios o productos más personalizados.

El cliente potencial es la persona o empresa que cuenta con la necesidad, los recursos económicos y el perfil adecuado para convertirse en nuestro comprador a futuro. Analizar, identificar y definir los clientes potenciales ahorra tiempo, esfuerzo y dinero, y permite determinar estrategias de ventas más claras y efectivas. Los súper vendedores estrella saben definir sus clientes y evitan perder tiempo apuntando en dirección contraria a sus objetivos de ventas.

Antes de definir al cliente potencial, es necesario entender el producto perfectamente y hacerse la siguiente pregunta: ¿Qué es lo que realmente vendo?

Parece obvio hacer las siguientes afirmaciones:

- Si tu producto son los autos, tu vendes autos.
- Si tu producto son prendas de vestir, tu vendes ropa.

- Si tu producto son servicios de televisión por cable, tu vendes televisión por cable.
- Si tu producto son casas, tu vendes casas.

Pero estas afirmaciones no son correctas desde la perspectiva de mercadeo o de ventas, los productos son el medio para vender lo que su cliente realmente esta comprando.

- Si tu producto son autos, tu deberías vender comodidad, tiempo, seguridad, confort, ahorro, entre otros.
- Si tu producto es ropa, tu deberías vender comodidad, estatus, imagen, estilo, presencia o cualquier otra cualidad que identifique las prendas que ofreces.
- Si tu producto son servicios de televisión, tu deberías vender diversión, conocimiento, union familiar o algún otro aspecto que motive a tus clientes a comprar.
- Si tu producto son casas, tu deberías vender los conceptos de familia, seguridad, hogar, estatus o cualquiera que sea la verdadera motivación de compra.

Habiendo definido claramente tu producto y lo que realmente vendes, puedes empezar a perfilar tu cliente potencial. A continuación, te presento algunos aspectos clave que deberías evaluar y definir para entender a tu posible cliente (personas o empresas), antes de tomar acción de ventas y así puedas ganar tiempo y no desperdiciar recursos:

- Información demográfica: edad, sexo, estado civil, lugar de residencia, etc.
- Situación, sector económico o actividad laboral: ¿trabaja?, ¿estudia?, ¿experiencia?
- ¿Cómo es su día a día a nivel personal y laboral? (En el caso de personas)
- ¿Cómo son los procesos internos? (En el caso de empresas)
- ¿Cuáles son los objetivos que tiene? ¿Qué quiere alcanzar en un plazo determinado?
- ¿Dónde se informa, en qué canales consume información, ¿A qué gremio pertenece?
- ¿Cuándo quiere entretenerse, dónde lo hace?
- ¿Compra online o de forma física?

Otro aspecto importante para definir a tu cliente potencial es buscar información de este, evaluar directamente cuál es su perfil y entenderlo más en detalle. Existen dos mecanismos básicos que puedes utilizar para entender a tus clientes. La primera opción y más utilizada hoy en día es mediante Internet o medios "online", que te permite acceder a mucha información:

- Directorios, listados o bases de datos de otras compañías del sector.
- Los buscadores de internet.
- La web de la asociación empresarial del sector.
- Boletines de noticias.

- Las redes sociales.
- Su propia página web.

La segunda opción es mediante el trabajo de campo, el cual es más costoso y normalmente requiere más tiempo, pero permite tener un conocimiento acertado de los clientes y una comunicación directa:

- Encuestas.
- Networking.
- Visitas en frio.
- Telemercadeo.

En resumen, si quieres definir a tu cliente potencial correctamente puedes seguir estos cinco pasos:

- Entender la estrategia de tu negocio.
- Definir quién sería el cliente ideal.
- Investigar sobre el cliente ideal y sus hábitos o preferencias.
- Analizar y evaluar tus clientes actuales.
- Definir el medio para comunicar y llamar la atención del cliente potencial.

No es recomendable iniciar un trabajo de ventas sin haber definido al cliente potencial, esto te hará perder tiempo, dinero y esfuerzo. Antes de vender tómate el tiempo de estudiar a tu cliente y entenderlo, a partir de ahí tu estrategia será mucho más efectiva.

3

La segmentación del mercado

En una ocasión un antiguo jefe me dijo: "¿Sabe cómo se come un dinosaurio?, - a pedacitos -. Este dicho popular se me quedó grabado para siempre y entendí que si quería tener éxito en ventas, tenía que aplicar este mismo mecanismo para atrapar un mercado que normalmente puede ser enorme y difícil de abordar, por las grandes diferencias entre potenciales clientes.

Segmentar el mercado es dividirlo en pequeñas partes que comparten características similares de acuerdo con algún criterio relevante, que permite identificar a los clientes y generar una estrategia común para todos ellos. La importancia de este proceso se deriva de la diversidad de gustos, necesidades o capacidades adquisitivas de los clientes.

Los súper vendedores conocen la importancia de segmentar el mercado antes de abordarlo y encuentran valiosas ganancias al realizar la gestión comercial. A continuación, te presento cinco beneficios concretos que encontrarás al agrupar a tus clientes con criterios específicos:

Identificar las necesidades de tu cliente objetivo: Conocer mejor a tu público objetivo proporciona una variedad de opciones para satisfacer sus necesidades y ofrecer un servicio más personalizado con el fin de cumplir sus expectativas y las de su organización.

Permite seleccionar las estrategias más adecuadas para cada segmento: Cuando identificas los rasgos más importantes de tu cliente, se te facilita la creación de estrategias enfocadas a esos rasgos particulares.

Mayor aprovechamiento de los recursos y disminución de costos: Diseñando estrategias específicas para cada segmento, se genera un mayor aprovechamiento de recursos y ahorro en marketing, publicidad y producción, entre otros factores.

Descubrir nuevos nichos de mercado: Al analizar los rasgos, las necesidades e intereses de los consumidores puedes hallar nuevos nichos de mercado que aún no han sido descubiertos ni aprovechados.

Mejor imagen y mayor ventaja competitiva: Ofrecer servicio personalizado adaptado a las necesidades de sus clientes y sus expectativas.

Existen infinidad de formas de segmentar el mercado y tú puedes establecer criterios que se ajusten específicamente a tus objetivos particulares, algunas de estas son:

- Segmentación geográfica.
- Segmentación demográfica.
- Segmentación psicográfica.
- Segmentación conductual.
- Segmentación por industria.
- Segmentación por producto.

Mediante estos criterios de segmentación es mucho más sencillo clasificar a tus clientes potenciales, sin embargo, también es posible combinar varios criterios para obtener grupos mucho más específicos, entre más específico sea el cliente más vas a poder llevar a cabo estrategias con mayor nivel de personalización y esto aumenta tu probabilidad de acertar en la oferta adecuada y el discurso de ventas apropiado.

Una vez desarrollado el perfil de clientes y segmentado el mercado objetivo, ya tienes las herramientas para realizar una aproximación de ventas con estrategia y podrás desplegar más consistentemente tu gestión comercial.

4

El embudo de ventas (Sales Funnel)

Todos hemos tenido la oportunidad o la necesidad de vender algo, quizás una idea, un proyecto, un plan, nuestro carro, de pronto una casa, nuestros servicios profesionales o los productos que representamos quienes tenemos una profesión en ventas. Sin embargo, muchas veces lo hacemos de forma natural, siguiendo el impulso que nos proporcionan nuestros instintos y por supuesto, aunque algunas veces funciona, otras se convierten en una frustración al fracasar una y otra vez en el intento de lograr una venta.

Por más elemental que parezca, para vender necesitas clientes, personas que puedan interesarse en comprar lo que ofreces, y tu propósito final es lograr que te compren, pero sin perder de vista que lo ideal es lograr tres objetivos fundamentales, que tú quedes contento, que tu comprador quede contento y que la empresa para quien trabajas quede contenta, a pesar de que muchos vendedores experimentados no cumplan estos objetivos, mi interés con este libro es enseñar la venta profesional y ética.

Una herramienta que puedes aprender y que te ayudará a vender más efectiva y estratégicamente, es el embudo de ventas o sales funnel, esto te permitirá visualizar el proceso comercial y saber cómo estás en relación con tu propósito de vender cualquier cosa que desees, algo muy interesante, es que funciona para vender desde aviones hasta perfumes y por supuesto cualquier clase de servicio.

Como su nombre lo indica, un embudo es un instrumento que se utiliza para canalizar líquidos y algunos materiales granulares en recipientes que tienen una boca estrecha, en los que se dificulta insertarlos y se usa para facilitar el proceso. Aunque lo ideal sería lograr que cada cliente que consigues se convierta en una venta (eficiencia del 100%), lo que la realidad y la experiencia nos muestran, es que necesitas muchos clientes para lograr una venta, porque algunos de estos se pierden por diversas razones, falta de interés, deseo de otro producto o alternativa, falta de capacidad financiera, entre otros.

Estudios de psicología del cliente, han revelado que las personas compran productos siguiendo un comportamiento muy similar de cuatro etapas generales: atención, interés, deseo y acción, las cuales suceden y están programadas en el subconsciente, y puedes aprovecharlas si sabes cómo llevar el proceso de ventas, de tal forma que alinees tus acciones de acuerdo a estas etapas, las cuales, se comportan con la forma de un embudo, ancho en la parte superior y estrecho al final, o dicho de otra forma, llamar la atención de muchas personas para que logres generar la acción de algunos pocos.

Llamar la atención de posibles clientes es la primera parte del proceso, por eso existen vitrinas llamativas en los centros comerciales, iluminadas, decoradas y con fotos sugestivas. También puedes ver miles de avisos en redes sociales exhibiendo productos, de igual forma observa que cuando alguien quiere vender una casa pone un aviso de "Se vende" en las ventanas, porque quieren llamar la atención de posibles compradores. El objetivo es iniciar la generación de una venta, la buena noticia es que hay miles de formas de llamar la atención, el secreto es hacerlo en el lugar apropiado, donde haya personas que puedan interesarse en comprar tu producto. Si vas a promocionar artículos deportivos, busca escenarios donde haya gente con esos intereses, si vas a promocionar artículos de bebe, debes hacerlo donde haya personas con hijos o que tengan esas necesidades. Recuerda que para llamar la atención existen diversos lugares, medios, revistas, redes sociales, vitrinas, páginas de Internet, vallas publicitarias, comerciales de tv, entre muchos otros.

Posteriormente debes generar el interés en el cliente, este es un paso más en el camino para lograr la venta y tiene que ver más con la motivación que con la exhibición, es un proceso mucho más personal y detallado porque ya tienes la atención del posible comprador y ahora lo más importante es descubrir las razones que le llamaron la atención de tu producto y enfocarte en cómo tu producto le va a hacer su vida más agradable, más fácil o cómo va a ganar algo adquiriendo tu producto. En este proceso debes enfocar tus energías en escuchar, hablar menos y oír más. Puedes emplear ciertas técnicas para preguntar de forma tal, que animes al posible comprador a expresarse y abrirte su corazón, no se trata de leerle a tu cliente todo el catálogo con la descripción del producto o la ficha técnica, sino de encontrar los puntos que para él tienen importancia y enfocarte en esos aspectos. Los súper vendedores son expertos en reconocer ciertas características de sus posibles clientes con solo mirarlos y utilizan esa información a su favor.

Cuando hemos llamado la atención y generado interés, debemos proceder estimulando el deseo, hacer que tu cliente se llene de ganas de tener tu producto. ¿Alguna vez te han dado una cucharita con una muestra de helado que luce delicioso?, ¿has leído en un almacén un cartel que dice 50% de descuento? o ¿cómprelo ahora y pague después?, son formas de despertar tu deseo, porque tu subconsciente te dice a gritos "Compra" que este es un buen negocio. No debes dejar de lado el objetivo de que la venta sea un buen negocio para todas las partes y que todos queden contentos con el proceso, debes ser creativo y encontrar cosas que generen valor para el cliente, despertando el deseo de tu producto o servicio. Las demostraciones, pruebas gratuitas, muestras, garantías de devolución del dinero, etc. Son buenos motivadores para despertar interés en los clientes.

Finalmente debes lograr que el cliente pase a la acción, que decida movilizar todos los recursos necesarios para realizar la compra: solicitar el crédito, conseguir la documentación necesaria, llenar un contrato, utilizar una tarjeta de crédito, diligenciar un pedido, son algunos recursos que te indican que ya estás en este punto, y por supuesto es importante enfocar tu energía en lograr este paso, para esto también hay muchas técnicas efectivas, como dar el descuento anunciando "solo por este fin de semana", o mencionar en un aviso "últimas unidades disponibles", que ponen una presión en el cliente para que convierta ese deseo en una acción de compra.

Los súper vendedores, conocen este proceso a la perfección y saben cómo potenciar cada etapa, van llevando un registro consistente de su información y se enfocan en tratar a cada cliente de acuerdo con el momento, entre más clientes potenciales logres generar, más ventas podrás realizar.

5

La gestión del embudo de ventas

He tenido la oportunidad de participar en muchas reuniones de ventas en diferentes industrias. Una pregunta que acostumbran a hacer los directores comerciales a cada uno de los miembros del equipo de ventas es ¿Cuanto va a facturar este mes?

Es muy poco frecuente escuchar a alguno de los vendedores decir: "no voy a cumplir el objetivo de ventas". Sin embargo, al terminar el mes y evaluar los resultados, hay muchas sorpresas, algunos no vendieron lo que se habían comprometido y otros vendieron mucho más de lo que habían anunciado.

Hace unos años participé en una feria de tecnología y las ventas iban muy bajas, toda la participación parecía y pronosticaba ser un fracaso, sin embargo, al final del evento, llegó un cliente e hizo una compra millonaria que cambió todo el resultado. Este tipo de situaciones pueden suceder, sin embargo, es muy poco probable que pasen.

Un súper vendedor, tiene claras las etapas de su proceso comercial y es capaz de anticipar su resultado de ventas, evaluando los indicadores de su propio embudo. Esto le permite anticiparse y tomar decisiones que pueden cambiar el resultado final de su proceso. Algunas veces se pueden tomar acciones que tengan impacto en el corto plazo, como otorgar un descuento, ofrecer una promoción o facilitar algún proceso. Otras veces no se logran realizar los cambios suficientemente rápido, pero permiten mejorar los resultados del mediano plazo, todo depende de cómo estén conformados los indicadores del embudo de ventas.

Las ventas son el resultado de un proceso lógico, es importante entender cuáles son los puntos clave que deben definirse como metas volantes que anticipan el cierre del negocio. Por ejemplo, en la venta de automóviles, un embudo tradicional tiene los siguientes indicadores:

- Cantidad de prospectos interesados.
- Prospectos que pidieron una cotización.
- Prospectos que realizaron un test drive.
- Prospectos solicitando crédito.
- Prospectos con crédito aprobado.
- Prospectos que pagaron una cuota inicial.
- Vehículos facturados.

– Vehículos entregados.

Este proceso se puede adaptar a cualquier producto con los indicadores respectivos de cada mercado. Los vendedores estrella se enfocan en mejorar sus competencias para ser más efectivos en cada indicador y así incrementar el éxito, y llegar al final del embudo con números más altos, de tal forma que su resultado final de ventas de cada mes sea mucho más predecible.

Gestionar el embudo de ventas significa tomar las acciones necesarias para aumentar la cantidad de cada parte del proceso. A continuación, puedes observar algunas acciones que ayudan a incrementar cada indicador en el caso de un embudo de ventas en la industria del automóvil:

Indicador del embudo	**Acciones de mejora**
Cantidad de prospectos	Campañas de referidos o playas de ventas
Cotizaciones realizadas	Mejorar la presentación de productos y oferta de valor
Cantidad de test drive	Aumentar la disponibilidad de vehículos para prueba
Solicitudes de crédito	Aumenta la oferta de bancos
Créditos aprobados	Ampliar los perfiles de clientes sujetos a crédito
Cuota inicial	Disminuir el monto o ampliar el plazo para cuota inicial
Vehículos facturados	Mejorar el inventario
Vehículos entregados	Optimizar el trámite de matrículas

Estos son solo algunas acciones que puede realizar un vendedor de automóviles para gestionar y aumentar sus indicadores del embudo de ventas, pero con creatividad se pueden desarrollar innumerables estrategias que ayuden a lograr mejores resultados.

CUARTA PARTE

EL PODER PARA CONSEGUIR CLIENTES

1

El poder de conseguir clientes

Hace un tiempo, estaba viendo vídeos en redes sociales y me encontré uno de una chica hablando de marketing digital, ella les hablaba a sus seguidores y decía "mi súper poder son las ventas", me pareció una expresión genial, por supuesto que yo siento lo mismo, mi súper poder son las ventas. Desde mi perspectiva, eso implica tener muchos pequeños súper poderes, uno de los cuales, quizás el más importante, es ser un campeón para conseguir clientes.

Cuando hablo con vendedores, cuyos resultados comerciales son bajos, siempre les pregunto sobre su embudo de ventas, empezando desde el final, ¿A cuántos clientes les vendió en el último mes?, ¿Cuántos clientes tiene en el proceso de cierre?, ¿Cuántas cotizaciones u ofertas tiene en proceso?, ¿Cuántas reuniones con clientes tiene en su agenda próxima? Por último, les pregunto ¿Cuántos prospectos (clientes potenciales) tiene para desarrollar? Les confieso que utilizo esta técnica de preguntas, porqué he aprendido que cuando no hay suficientes ventas, la principal razón es que no tienen suficientes clientes potenciales, y eso ayuda mucho, para que el vendedor se enfoque en el problema principal, ¿Cómo conseguir clientes?

Todo vendedor debería decir, "mi súper poder es conseguir clientes", pero muchos, quieren que los clientes toquen a su puerta y les digan: "quiero comprar", eso nunca o casi nunca ocurre, hay que buscarlos y luego conquistarlos. Por suerte, a la mayoría de vendedores que amamos esta profesión y que tenemos esta vocación, nos fascina conocer y conseguir nuevos clientes.

Para tener el súper poder de conseguir clientes, hay que desarrollar dos aspectos, el primero es la estrategia de búsqueda correcta y el segundo es la energía correcta, los dos son muy importantes y deben trabajarse conjuntamente, uno tiene que ver con la técnica y el conocimiento, el otro tiene que ver con la energía, esa fuerza interna que nos mueve a alcanzar los objetivos.

Para desarrollar una estrategia correcta, hay que empezar por conocer perfectamente a nuestro cliente potencial (¿cuál es el perfil de nuestro cliente?), luego segmentar el mercado (segmentación geográfica, demográfica, conductual, industrial, psicográfica o por producto) y por último identificar los mecanismos disponibles para llamar la atención sobre nuestro producto (telemercadeo de bases de datos, vitrinas atractivas, stands portátiles, mensajes en redes sociales, promociones en playas de ventas, ruedas de negocios, ferias, campañas de referidos, networking, eventos, revistas especializadas, prensa, radio, televisión, entre otras.)

La energía correcta para buscar clientes es una fuerza interna, que nos ayuda a movernos, a vencer el miedo y las barreras internas, a superar el rechazo e incrementar nuestra resiliencia, se transmite principalmente por medio de lenguaje no verbal y por el tono de nuestra voz. Esta energía la he podido observar muchas veces en los súper vendedores, siempre transmiten felicidad, es un placer conocerlos y hablar con ellos, son activos, están dispuestos y abiertos a conocer nuevas personas, no le temen a llamar por teléfono y tienen una seguridad que transmite confianza.

Un principio de ventas es que si los clientes no llegan a ver tu producto, hay que llevar tu producto a donde está el cliente, pero también hay que hacer todo lo necesario por atraer clientes a tu almacén o negocio, llámalos utilizando descuentos, promociones, pruebas y demostraciones que se puedan ver, que capten la atención.

Por último, quiero recordarte practicar ser feliz, en ocasiones lo olvidamos, pero es el mejor mecanismo para atraer clientes como si fueras un imán.

2

Telemercadeo

En una ocasión, el presidente de la compañía en la que yo trabajaba me llamó a su oficina, me pidió que le ayudara a conseguir una reunión urgente con el presidente de otra empresa. Se trataba de una empresa muy grande y reconocida, el problema es que yo no tenía ningún contacto en esa compañía que me ayudara a conseguir la cita y tampoco tenía el nombre del presidente, pero tenía que lograr la cita a toda costa, eran mi nombre y mi capacidad comercial las que estaban en juego y no podía permitirme fallar.

Tracé un plan en mi mente para llegar a la presidencia de esa compañía, sabía que debía hacer una llamada al conmutador principal, hablar con la persona de recepción, lograr que me comunicara con la asistente del presidente y convencer a la persona para que me permitiera hablar con el presidente. Sin embargo, ustedes saben lo difícil que es lograr ese camino, sin la acostumbrada frase: "Envíe un correo a servicio al cliente y lo contactaremos".

Llamé al conmutador y saludé con total gentileza, con confianza, como si estuviera hablando con un amigo y le dije a la persona, requiero hablar con la secretaria general, es muy urgente para mi contactarla y usted me puede ayudar. La persona se quedó un par de segundos en silencio y me dijo, permítame un momento lo voy a comunicar con la señorita Alejandra. Ya había vencido el primer obstáculo y tenía un nombre por quien preguntar.

Cuando me contestó la señorita, le dije con voz de seguridad y firmeza, hola Alejandra mi nombre es Juan Pablo soy el gerente de ventas de esta gran compañía, necesito hablar urgentemente con el presiente, se trata de un asunto que están tratando mi jefe y él y requiero acordar con él la reunión, por lo tanto, le agradezco mucho que me lo comunique lo antes posible. De nuevo un silencio por unos segundos y me dijo: "Por supuesto, permítame un momento y lo comunico con Don Eduardo". Me quedé en silencio, pero en mi interior gritaba "¡Lo logré!

Cuando me comunicó al Sr. el tema fue muy sencillo y agendé la cita sin ningún problema. Esta fue una llamada de ventas, solo que no se trató de una venta de productos, se trató de vender una cita.

Si quieres trabajar en ventas o ya lo estás haciendo, te sugiero amar hablar por teléfono, si esta no es tu habilidad, debes desarrollarla. Cada vez que observo a un súper vendedor, la constante es que todo el tiempo están hablando por teléfono con sus clientes y lo disfrutan.

El telemercadeo es una buena herramienta para conseguir clientes, recomiendo dedicar un par de horas al día para hacerlo, probablemente no sea el medio más efectivo pero no puedes desaprovechar este camino, tu misión en ventas es conseguir clientes, por lo tanto, utiliza todas las opciones que tengas a su disposición.

Existen muchos productos o servicios que se pueden vender por teléfono y hacer toda la transacción inmediatamente, por ejemplo, la venta de planes de celular, los seguros o algunos productos financieros. Muchos otros productos no se venden por este medio, en estos casos, tu objetivo no es lograr una venta, es lograr una cita con el cliente.

La comunicación telefónica tiene aspectos que es importante entender para no incurrir en errores que te impidan tener un contacto efectivo con tu cliente potencial. El 55% de la comunicación la transmiten las señales y gestos, el 7% se transmite con palabras y el 38% lo comunica con el tono, por lo tanto, tus posibilidades de tener una comunicación efectiva por teléfono son reducidas, solo cuentas con 45% de tu potencial de comunicación.

Los elementos de comunicación telefónica con los que cuentas para lograr el objetivo de la llamada son la voz, el lenguaje, la escucha, el silencio y la sonrisa (Si, estás leyendo bien, la sonrisa es muy importante).

Algunas recomendaciones importantes sobre cada uno de estos aspectos que debes tener en cuenta son los siguientes:

- La voz: Es la que transmite tu energía, pero debe ser clara e interesante.
- El lenguaje: Debe ser formal, ordenado, positivo, directo y sencillo.
- La escucha: No interrumpas nunca y procura captar toda la información relevante.
- El silencio: Permite que el cliente hable todo lo que sea posible.
- La sonrisa: Este gesto se transmite como ningún otro, incluso por teléfono y envía al cliente la señal de que estás feliz de hablar con él, que te gusta oírlo y que estás dispuesto a ayudarle.

El secreto para tener éxito en una llamada telefónica de ventas es la preparación, nunca improvises durante la llamada, prepara lo que vas a decir, anticípate a todas las posibles respuestas, ten a mano toda la información que puedas necesitar y desarrolla un texto previamente al cual te puedas apegar.

En general las llamadas telefónicas de ventas, ya sea para ofrecer un producto o para conseguir una cita, tienen una estructura muy similar que podemos resumir en los siguientes pasos:

- El saludo y presentación.
- El motivo de la llamada.
- La verificación del tiempo o disponibilidad del cliente.
- La argumentación.
- El cierre.
- La despedida.

Todos estos elementos deben estar muy bien preparados, durante cada uno de ellos debes manejar el tono de voz adecuado y que te sugiero adaptar como muestro a continuación:

- Iniciar con tono bajo, su objetivo es crear confianza y mostrar interés en el cliente.
- Subir la voz y denotar energía para argumentar por qué deben darte una cita, hay que transmitir seguridad y dinamismo.
- Finalizar con un tono tranquilo, sereno y positivo.

Muchos vendedores le tienen cierta aversión a hacer telemercadeo, el motivo es que fracasan mucho en su objetivo de lograr la cita o la venta, puede volverse una actividad frustrante, pero te animo a que sigas practicando e intentándolo, estoy convencido por mi propia experiencia, que se puede ser un campeón telefónico y esto ayuda mucho a conseguir clientes, en la medida que practiques y lo vuelvas un hábito, tu nivel va a mejorar y la efectividad de las llamadas va a crecer exponencialmente.

3

Marketing Digital

Hace unos meses, cuando inició la cuarentena, a raíz de la pandemia de Covid-19, tuvimos que aislarnos y cambiar muchos de nuestros hábitos. Diariamente recibía muchas llamadas de vendedores que me decían que estaban quedándose sin clientes, a pesar de que las áreas de mercadeo y publicidad habían emprendido una labor enorme de realizar campañas de marketing digital para generar un flujo de prospectos. Una de las dificultades más frecuentes, es que no lograban tener contacto telefónico con empresas y cuando lo lograban, las personas encargadas no se encontraban disponibles.

Me propuse desarrollar y trabajar un sistema de prospección, por medio de herramientas digitales, que me permitiera acercarme a potenciales clientes empresariales. Los resultados fueron sorprendentes y esta forma de buscar clientes, nos permitió llenar el embudo de ventas con muchos prospectos e iniciar procesos de venta que no habría logrado fácilmente por otros métodos de generación de clientes.

Antes de avanzar, es importante entender que la estrategia de marketing digital depende de muchos factores, como el tipo de producto o servicio, el canal de distribución, la complejidad de la venta, el nivel de personalización, entre otros. En ocasiones el producto o servicio se puede comercializar directamente por medio de plataformas en línea y no interviene un vendedor. Sin embargo, otros productos, difícilmente se venden sin la intervención de un asesor. Adicionalmente en muchos casos es el vendedor el que genera la necesidad.

En la venta B2B o empresarial, donde los productos o servicios son complejos, la venta consultiva es más efectiva, pero al igual que en cualquier tipo de estrategia de ventas, la prospección es necesaria, aunque en ocasiones es más difícil y compleja, porque la necesidad de los productos no parte de una emoción sino que es racional y estratégica. Generalmente las estrategias digitales, se desarrollan en las áreas de mercadeo y publicidad, y los prospectos generados de forma orgánica se remiten a los vendedores para que hagan la aproximación con los clientes. En este caso el vendedor mantiene una actitud pasiva al recibir clientes para abordarlos, y no una posición activa en la consecución de oportunidades.

El marketing digital desde la perspectiva del vendedor que busca clientes es muy efectiva, pero requiere adaptarse, entender el proceso e identificar los canales apropiados para desarrollar la estrategia correcta. El tipo de producto o servicio y el perfil del cliente objetivo también tienen mucha relevancia y determinan cual medio utilizar.

La búsqueda de clientes por parte del vendedor, a través de canales digitales no tiene el mismo enfoque que la estrategia digital de la empresa o el área de mercadeo, y no se centra en llamar la atención del producto con una estrategia publicitaria, sino en la búsqueda de las personas que pueden ser potenciales clientes de acuerdo a una segmentación de mercado.

El marketing digital como técnica para conseguir clientes tiene varias ventajas:

- Es muy económico.
- Puedes hacerlo desde cualquier lugar.
- Puedes hacerlo a cualquier hora.
- Puedes segmentar y buscar clientes de acuerdo con tu estrategia.
- Te permite medir la efectividad de tus contactos.

Existen varias redes sociales muy útiles para buscar clientes, principalmente LinkedIn para el caso de clientes corporativos o Facebook para el caso de clientes uno a uno y los vendedores pueden desarrollar estrategias para conseguir muchos contactos y oportunidades por estos canales.

Para el caso de productos que se venden en el mercado corporativo lo ideal es centrarse en LinkedIn, debido a que es una red social de carácter profesional, donde encuentras fácilmente empresas y sus empleados, en este caso es muy importante hacer previamente una selección de todas las empresas por cada segmento de mercado que quieras abordar y luego iniciar un trabajo de prospección digital. A continuación te brindo algunos pasos que debes llevar a cabo para desarrollar esta técnica:

- Haz una lista de empresas que sean potenciales compradores de tu producto.
- Busca el perfil de cada una de estas empresas y consigue la mayor cantidad de información que puedas.
- Busca la sección de los empleados de dicha organización donde adicionalmente encontrarás su cargo.
- Construye un mensaje, muy breve, que capture la atención.
- Envía este mensaje a varias personas de la organización y pídeles que te remitan con la persona responsable del tema que vendes.
- Si el mensaje no genera respuestas, cambia el mensaje las veces que sea necesario.
- Procura llegar al cargo más alto de la organización, pero debes decir claramente cómo tu producto puede ahorrar costos o generar eficiencias.

- Intenta pasar rápidamente de la plataforma al correo, y de ahí al contacto telefónico.
- Tienes que desarrollar una estrategia constante en el tiempo, igual que con el telemercadeo, debes hacerlo diariamente.

Para el caso de productos que se vendan a empresas es muy útil unirse a grupos de Facebook que tengan la finalidad de ventas o de compras, muchas personas preguntan directamente por algo que están necesitando, también puedes publicar tus datos de contacto informando que eres un asesor especializado en un determinado tema y realizar interacciones constantes con potenciales clientes. Refiere algunos contactos a otros vendedores que ofrezcan productos complementarios al tuyo para generar reciprocidad entre tus colegas.

Algo que también puedes hacer, es escribir blogs con información de tu producto para que quienes te lean, conozcan que eres experto en lo que vendes y te contacten si tienen alguna necesidad al respecto.

El marketing digital como medio de prospección es fantástico y te animo a intentar utilizarlo, vas a desarrollar nuevas habilidades y canales de comunicación.

4

Referidos y Networking

Hace un tiempo visité a un cliente que frecuentemente me compra algunos de mis productos. He creado una relación de amistad con él, por esa misma razón, la atención que le doy es la mejor y la más profesional posible. Le hago informes de seguimiento, lo llamo con frecuencia y me intereso en su negocio; normalmente confía en mis recomendaciones. Al finalizar una de mis presentaciones en su empresa, le pedí que si podía darme algún referido de sus colegas que pudiera necesitar mis productos. Al comienzo sentí un poco de vergüenza por pedirle este favor, pero su reacción fue sacar el teléfono celular del bolsillo y empezar a mirar sus contactos. Seleccionó diez de ellos y los llamó a cada uno, les pidió que me atendieran, les dio la mejor referencia de mí y en cuestión de minutos tenía mi agenda llena de citas con nuevos clientes potenciales, valga decir que a algunos de ellos les pude vender mis productos.

Intenta recordar en este momento, la última vez que compraste un carro, una casa o algún producto o servicio importante y pregúntate si el vendedor te pidió que le refirieras posibles clientes. La verdad es que casi nadie lo hace, excepto algunos pocos que han descubierto esta técnica. Los que no lo hacen no saben que están perdiendo una de las oportunidades más poderosas y sencillas que pueden realizar para aumentar sus ventas.

De todas las estrategias para conseguir clientes, la técnica de "Referidos y Networking" es mi favorita, no solo tiene que ver con el hecho de que es muy efectiva, también porque es agradable. Facilita mucho conocer personas cuando lo presentan a uno, en lugar de intentar hacer la aproximación por sí solo. Es un mecanismo que, cuando se ejecuta correctamente, se vuelve exponencial y multiplica los prospectos con una velocidad increíble, adicionalmente fomenta la colaboración entre amigos, colegas, clientes, proveedores y conocidos, además ayuda mucho a desarrollar el trabajo en equipo.

Utilizar la técnica de referidos tiene unos beneficios impresionantes para ti como vendedor. Algunos de estos son:

- Facilita lograr reuniones con nuevos clientes, debido a que te apalancas de la confianza que tiene el potencial cliente con la persona que lo refiere.
- Ayuda a generar relaciones constructivas con tus clientes.

- Los referidos tienden a pedir menos descuentos, debido a que te conviertes rápidamente en una persona de confianza.
- Permite fidelizar a tus fuentes de referidos para que te vuelvan a suministrar otros nuevos contactos.

La técnica de referidos se basa en el principio que dice: "los amigos de mis amigos, son mis amigos", y funciona de verdad. Por esta razón, he desarrollado las siguientes tácticas, para que puedas llevar a cabo esta estrategia con mucho éxito:

- La solicitud de referidos debe hacerse al final del proceso de ventas, cuando la venta haya sido todo un éxito, no tiene sentido pedirle un favor al cliente si las cosas no han salido como esperabas.
- Nunca pidas un listado de referidos cuando estés apenas conociendo a tu cliente.
- La solicitud de referidos puede hacerse posteriormente a realizar una acción en beneficio de tu cliente. Por ejemplo, cuando has logrado conseguirle un descuento, de esta forma se sentirá como un intercambio donde las dos partes ganan.
- No es suficiente que el cliente escriba un listado de nombres y números telefónicos. Procura que sea él quien llame a los referidos y les dé una recomendación tuya, e intenta agendar una cita con estos clientes potenciales inmediatamente.

- Tan pronto recibas un referido, ponte en contacto con él y genera una estrategia de posicionamiento de tu marca personal, para que te recuerden claramente.
- Escribe en tu agenda de notas la siguiente frase: **"NO OLVIDES PEDIR REFERIDOS AL FINALIZAR LA REUNIÓN"**. Es muy posible que lo olvides si el negocio tiene muchos temas que atender y que el cliente se vaya sin haber ejecutado tu estrategia.

Aunque el principio del ***Networking*** es el mismo que el de referidos, en este caso se trata de hacer una red de trabajo que te permita conseguir clientes y acceder más fácilmente a estos.

Existe una gran variedad de productos cuyo proceso de venta involucra a otros actores comerciales, por ejemplo, los vehículos, las motos, las viviendas, los tiquetes aéreos, etc. Me refiero a que cuando alguien adquiere uno de estos productos, también necesita probablemente una entidad financiera, seguros, accesorios, hoteles, entre otros productos complementarios. Por lo tanto, existen otros asesores comerciales haciendo gestión de venta de todos estos productos relacionados. Es por esto que vale la pena crear relaciones con ellos, para colaborar y compartir información que te ayude a aumentar tu base de datos de clientes potenciales.

Adicionalmente, hay eventos donde puedes conocer muchos de estos vendedores que pueden ayudarte a conseguir más clientes, me refiero a las ferias, foros y otros eventos, donde vale la pena contactarse y crear una red de aliados con quienes puedes construir una relación de trabajo en equipo.

Algunas claves para hacer *Networking* que he puesto en práctica y me han dado un buen resultado son las siguientes:

- Atender los clientes desde una perspectiva de servicio y colaboración, es decir, sí tu cliente tiene una necesidad diferente a tu producto, puedes referirle a esa persona clave que le ayude.
- Asistir a eventos y enfocarse no solo en los clientes potenciales, también en los contactos potenciales para hacer *Networking*.
- Ayuda mucho dar primero para recibir después. Compartir un referido a un colega de un producto complementario, te permitirá generar el sentimiento de reciprocidad y por lo tanto tu colega pensará primero en ti para referirte también a sus clientes.
- Las relaciones de Networking deben construirse y llevarse a cabo con constancia, esta es la única forma de crear una relación de largo plazo.
- Establece una agenda para trabajar todas las semanas con tus colegas de *Networking* y desarrolla una agenda conjunta para visitar a nuevos clientes.

La estrategia de *Networking* y referidos es muy efectiva, pocos vendedores la llevan a cabo sistemáticamente y con constancia, te aseguro que si la pones en práctica, tus ventas van a crecer exponencialmente.

5

Playas de ventas

Hace un tiempo estaba reunido con un gerente de ventas de un concesionario de vehículos, desarrollando estrategias para incrementar sus ventas. Una de sus quejas más reiterada, era que, durante gran parte del tiempo, su vitrina de ventas permanecía vacía y sin clientes. Solo en algunas horas, de unos días específicos, se presentaba un flujo importante de prospectos. En estos lapsos de tiempo, los vendedores se dedicaban a llamar clientes y ofrecerles los vehículos telefónicamente, pero desafortunadamente la tasa de éxito era muy baja.

Afortunadamente existen muchas formas de conseguir clientes. Mi recomendación para los vendedores y gerentes es enfocarse en desarrollar todas las estrategias posibles, pero de una forma organizada, entre otras razones, porque esto permite evaluar cuáles son las actividades o acciones que más logran llenar el embudo de ventas de potenciales clientes.

Una de las técnicas que he utilizado con mucho éxito, es la realización de eventos y playas de ventas. Consiste en llevar algunos de los productos que se van a vender a ciertos lugares donde circulan o transitan potenciales compradores del producto. Si los clientes no van hasta donde está el producto, una opción es llevar el producto hasta donde están los clientes. Es muy frecuente ver este tipo de vitrinas móviles o stands en centros comerciales o en lugares donde hay muchos potenciales clientes concentrados en un punto.

Supongamos que vendes bicicletas, puedes poner un stand y llevar algunos modelos para exhibirlos en lugares donde se aglomeran los ciclistas para hacer sus rutinas o en el punto de llegada de sus recorridos. Seguro algunos de ellos se acercarán a preguntarte y podrás llamar la atención y generar un interés. Esto lo puedes hacer con una enorme cantidad de productos o servicios y es una forma estupenda de llenar tu embudo de ventas con potenciales compradores.

El objetivo de la playa de ventas puede variar y tener múltiples enfoques, lo cual dependerá totalmente del producto y de la complejidad del proceso específico que se requiera para venderlo. Es muy probable que ningún ciclista que esté practicando, lleve consigo suficiente dinero para hacer la compra de una bicicleta, por eso el objetivo en este caso no debería ser el cierre de una venta. Sin embargo, puede suministrarte sus datos, para programar una cita y así realizar la compra del producto.

Los principales enfoques en la realización de playas de ventas son: La generación de prospectos y la venta de productos, como dije anteriormente, todo depende de la complejidad del producto. Si se trata de un enfoque de marketing, el objetivo puede ser también el levantamiento de información, la generación de encuestas o simplemente el posicionamiento de marca.

El éxito de una playa de ventas está determinado por el número de ventas o de prospectos que hayas conseguido durante la actividad.

A continuación, te presento algunos aspectos que pueden ayudarte a tener éxito en este tipo de actividades:

- Seleccionar previamente el lugar, determinar el costo o las restricciones que puede haber y preparar la actividad detalladamente.
- Plantearse un objetivo de ventas o de número de prospectos antes de empezar la actividad.
- Llevar un registro detallado de los prospectos contactados o de las ventas realizadas.
- Entregar algún material publicitario a aquellos que tengan una verdadera intención de compra o de ser potenciales clientes.
- Mantener una actitud proactiva con los potenciales clientes e invitarlos a conocer el

producto y aprovechar para explicarlo detalladamente.

- Ofrecer una oferta especial para quienes compren durante el evento.
- Concretar con los potenciales clientes una cita para realizar el cierre de la venta.
- Hacer una evaluación del costo de la actividad frente a los resultados obtenidos.
- Hacer seguimiento de todos los prospectos conseguidos durante la actividad.

Siempre debes mantenerte en búsqueda de lugares donde puedas realizar playas de ventas, la segmentación de tu mercado te puede brindar información muy valiosa para determinar qué lugares puedes tener en consideración. Recuerda siempre estar a la cacería de nuevos clientes.

6

Vitrinas y salas de ventas

Una de las épocas que más disfruto del año es la temporada de navidad. Me encanta salir con mi esposa y mis hijas a ver las decoraciones navideñas en las vitrinas de los almacenes, muchos locales comerciales se transforman y su atmósfera cambia mágicamente, lo mismo pasa con los vendedores que atienden, utilizan gorros de Santa Claus y accesorios que animan a sentir el espíritu navideño.

Las vitrinas de ventas son los lugares naturales donde los clientes van a conocer y a preguntar por nuestros productos, normalmente están adecuados de tal forma que capturan la atención y despiertan el interés del público. Son la cara de las marcas hacia el mercado y muchas veces están muy bien maquilladas y arregladas. Algunos estudios muestran que ciertas marcas, mediante una correcta comunicación, logran generar más del 25% de sus ventas.

Muchos productos se venden principalmente en las vitrinas de ventas y es muy importante que los vendedores tengan una energía armónica y alineada con la imagen y el concepto que proyectan las marcas en estos puntos de venta. Las vitrinas tienen la función de atraer clientes y despertar interés por medio de los sentidos, por lo tanto, es importante que estimulen cada uno de ellos y que la visita de cada cliente se convierta para él en una experiencia memorable.

Los súper vendedores son proactivos frente a lo que sucede en la vitrina y están pendientes de cada detalle, porque saben que esto es importante para generar ventas. Si tu deseas impulsar la vitrina para tu beneficio comercial, es importante que estés evaluando constantemente la forma como están impactando y estimulando cada uno de los sentidos de los clientes, y te quiero dar algunos concejos:

La vista: revisa que los productos estén bien exhibidos, que todo el espacio luzca ordenado y limpio, que no haya acumulación de desperdicios o desorden.

El oído: Dependiendo del producto y el perfil de los clientes, se puede estimular este sentido con alguna música o sonidos armónicos, acordes al ambiente de la vitrina. Algunos locales comerciales utilizan sonido alto y "ruido" para atraer clientes, si este tipo de señales aumentan el flujo de clientes, es evidente que debería seguirse utilizando, pero esto es algo que debe evaluarse y medirse.

El gusto: Suena un poco curioso tener que estimular el gusto de los clientes, especialmente si se trata de productos diferentes a alimentos, pero es muy usual que los súper vendedores busquen generar empatía con sus clientes ofreciendo alguna bebida o pasabocas, que ayudan a generar una mejor experiencia de la visita del cliente.

El tacto: Este es un elemento importante y los súper vendedores saben cómo estimularlo en sus clientes, permitiéndoles sentir y tocar el producto. Hace poco estuve visitando una vitrina de venta de colchones y me impactó mucho que a los clientes se les permite recostarse y sentir la experiencia.

El olfato: Los aromas son muy buenos evocadores de recuerdos, los súper vendedores saben que esto puede marcar un efecto importante en la recordación de su propia marca personal, pero también saben que la vitrina debe tener un aroma agradable que mejore la experiencia de los clientes.

A pesar de que las vitrinas tienen un poder enorme para atraer clientes, muchas veces no sucede así y los equipos de ventas tienen problemas para generar nuevos prospectos por este canal. Este es el caso de los concesionarios de automóviles, que se ven llenos de clientes los fines de semana, pero entre semana se ven vacíos. Afortunadamente se pueden hacer muchas cosas para atraer clientes y los vendedores pueden aprovechar estos espacios para desarrollar nuevas oportunidades. A continuación, te presento algunas estrategias que puedes llevar a cabo en tu vitrina en momentos de escasez de clientes:

Desayunos de trabajo: Puedes invitar a un grupo pequeño de prospectos o clientes que tengas en tu lista, para hacerles una presentación especial de producto y mejorar la experiencia mediante un desayuno de trabajo. Esto te permitirá generar una relación más cercana con tus clientes.

Demostraciones especializadas: Invita a tus clientes para que puedan comprobar la efectividad y características de tus productos.

Cursos para clientes: Una forma efectiva de atraer clientes a tu vitrina tiene que ver con la invitación a cursos relacionados con su negocio y que puedas utilizar para apalancar estas visitas.

Muestras gratuitas de productos: Puedes invitar a tus clientes a visitar la vitrina y al mismo tiempo recibir una muestra de tu producto o algún material promocional.

Eventos o cocteles: Puedes planear una actividad ofreciendo una bebida y una promoción especial a tus clientes más valiosos, seguro les gustará sentirse importantes y de que los tengas en cuenta para tu evento.

Adicionalmente a todo lo anterior, debes aprovechar al máximo tu tiempo cuando te encuentres en una vitrina y hacer actividades que te generen clientes tales como realizar telemercadeo, búsqueda de clientes en redes sociales o preparar tus presentaciones de ventas.

QUINTA PARTE

EL PODER DE LA NEGOCIACIÓN

1

Argumentos y objeciones

En una ocasión fui a un centro comercial a comprar unos tenis. En un almacén encontré un modelo que me gustó, pero antes quería estar seguro de si en alguna otra tienda encontraba otro modelo que me gustara más. Para mi sorpresa encontré un lugar en el que vendían el mismo modelo de tenis, pero 20% más costoso. Esto llamó mucho mi atención, así que le pregunté al vendedor la razón de la diferencia, a lo que el joven respondió que ese era su precio y que si prefería podría comprarlos en el otro almacén. Por supuesto no hice la compra en ese lugar, su respuesta a mi objeción por el precio eliminó cualquier posibilidad de venta.

Las objeciones en ventas son razones o argumentos válidos que tienen los clientes y que pueden llevar a rechazar la oferta a la hora de comprar. Sin embargo, si el vendedor logra dar una respuesta bien argumentada, puede convertir la situación en una oportunidad de venta. Las técnicas para el manejo de objeciones, a diferencia de las de cierre, tienen el objetivo de encaminar al cliente a tomar la decisión de compra y evitar que se nos escape una venta.

Los buenos vendedores se caracterizan por ser estudiosos de su producto y conocen perfectamente sus características, incluso buscan información sobre los competidores y están en capacidad de realizar cualquier comparación, lo cual les permite resolver dudas u objeciones inherentes al producto que puedan tener los clientes. La manera de abordarlas es: la descripción detallada, la comparación y el testimonio de clientes que han experimentado los beneficios.

Existen otro tipo de objeciones que pueden presentarse, independientemente del producto, se basan en aspectos más generales; hay formas que permiten abordarlas desde una perspectiva lógica y convincente y ayudan a cambiar las percepciones que tienen los clientes a la hora de comprar. El manejo de estas objeciones se basa en respuestas preparadas anticipadamente, que tienen la función de persuadir y minimizar el temor que puede producir gastar dinero en una opción que puede no ser la adecuada.

Muchas objeciones de compra, que el vendedor puede preparar anticipadamente, se basan en argumentos que el cliente percibe y que le causan inseguridad para continuar con la decisión, por lo tanto, el vendedor debe generar confianza y remover cualquier temor que impida al cliente avanzar en el proceso. Algunas de estas objeciones tienen que ver con los siguientes argumentos:

- Precio.
- Calidad o seguridad.
- Comparación.
- Malas experiencias.
- Formas de pago.
- Servicio posventa.

2

El manejo de las objeciones

Aprender a rebatir objeciones es quizás uno de los aspectos más importantes a desarrollar para convertirse en un súper vendedor. Es un proceso muy simple, siempre y cuando se hayan construido y preparado los argumentos previamente y se cuente con la información suficiente para dar una respuesta contundente, que genere confianza y tranquilidad al cliente scon el fin de que pueda tomar su decisión.

Las objeciones son muy importantes en la venta porque son señales de interés por parte del cliente, indican que la persona necesita resolver algunas inquietudes respecto a tu producto o tu servicio, por lo tanto, te deben motivar para realizar tu trabajo con profesionalismo y eficiencia. De no ser por las objeciones de los clientes, no se requeriría de un vendedor, un catálogo de producto sería suficiente.

Las personas que compran tus productos, normalmente lo hacen por razones emocionales, sin embargo necesitamos justificar por medio de la razón las compras que hacemos, para sentirnos completamente cómodos con la adquisición.

Los súper vendedores saben muy bien que cuando el cliente tiene una objeción, significa que su trabajo debe empezar, lo ven como una gran oportunidad para desplegar toda su estrategia comercial y saben canalizar el interés que está mostrando nuestro cliente para llevarlo al cierre de la venta, pero lo más importante es que tienen la habilidad de manejar el desarrollo de forma muy gradual y suavemente, pero entienden que manejar el ritmo del proceso es importante para disminuir el tiempo de negociación.

Muchas veces le pregunto a vendedores cual es la objeción más frecuente que tienen sus clientes en relación a sus productos y también cual es el argumento que tienen preparado. Normalmente no tienen clara la respuesta. Incluso he visto colegas de ventas de la misma empresa recibir las mismas objeciones y no tienen una respuesta común que logre ser contundente y eficaz. Cuando esto sucede, les pregunto por qué no han hecho un alto en el camino, antes de seguir ofreciendo el producto y llegar a la construcción de una respuesta o de un argumento que les sirva para todos los casos. Es como si a la entrada de un edificio hubiera una matera mal ubicada, que hace que todos se golpeen los talones al entrar, y en lugar de acomodar o quitar la matera, los habitantes de ese edificio prefirieran seguir todos los días dándose golpes en los pies.

Existen muchas formas de manejar las objeciones, pero es importante que desarrolles tu propio esquema de acuerdo a lo que mejor resultado te da, a continuación te presento el camino que he encontrado ser el más efectivo, con el tiempo se va volviendo un proceso muy natural, por eso es importante ponerlo en práctica la mayor cantidad de veces posible:

Escucha al cliente y hazlo hablar: Esta es la primera cualidad que debes desarrollar en ventas, saber escuchar y saber preguntar. Deja que tu cliente hable y te cuente cuál es su necesidad y su motivación, si en medio de la conversación el cliente te menciona algunas objeciones, ve tomando notas pero no lo interrumpas, deja que continúe hasta terminar, y luego le vas resolviendo todas y cada una de sus inquietudes de forma clara, precisa y contundente. Este es el momento de aplicar todos tus conocimientos de comunicación no verbal, recuerda que tienes que observar sus movimientos, revisar si el cliente se siente cómodo o si está sintiendo tensión y si tiene una actitud cómoda hacia la compra, en caso de que no sea así es el momento de ir tomando acción y llevando al cliente al terreno de la serenidad.

Pídele al cliente que te dé más información sobre cada objeción: Normalmente hablar de los problemas puede llevar a que el cliente mismo encuentre las soluciones y resuelva sus propias inquietudes, se trata de hacer al cliente hablar, sin embargo, debes intervenir en el momento que lo estimes conveniente, como cuando el cliente te presente información en la cual tiene alguna equivocación o inexactitud. Tu actitud frente a las objeciones del cliente es muy importante, a nadie le gusta sentirse que está preguntando tonterías, por eso tiene que sentirse cómodo haciéndolas, sin importar su complejidad o incluso si le has dado la respuesta varias veces.

Ahonda en la información sobre la objeción: Cuando el cliente te ha explicado sobre sus dudas, debes mantener una escucha activa y preguntar sobre otros aspectos relacionados para que el cliente te brinde más información respecto a sus problemas, de forma que puedas aprovechar para impulsar los puntos fuertes de tu producto en relación con otros asuntos que pueden tener mayor peso para la toma de decisión.

Ten consideración con el cliente, aplica la empatía y el rapport: Cuando el cliente tiene una objeción gozas de una oportunidad de conectarte con él desde lo emocional, debes sonreír suavemente en señal de amabilidad, tienes que ponerte en sus zapatos y sentir sus temores. Dos acciones concretas que debes realizar son: primero decirle al cliente que has entendido claramente la objeción, utiliza el tono adecuado y mantén la calma frente a sus dudas, en segundo lugar, pausadamente debes ir aportando todas las respuestas con pruebas claras y hechos que demuestren que la información que estas proporcionando es cierta y no hay nada que temer.

Confirma que la objeción ha quedado resuelta una vez has contestado y demostrado al cliente con argumentos contundentes: asegúrate que todo lo que al cliente le preocupa, ha quedado resuelto, si es necesario puedes realizar una demostración o prueba, con lo cual la sensación de inseguridad va a desaparecer. Es importante que el cliente sienta que sus objeciones son muy importantes y que otros clientes pueden tener las mismas dudas, pero que ellos también han quedado satisfechos con la información y tus productos les han resuelto sus problemas.

Evalúa las señales de cierre: Cuando vayas avanzando en la respuesta de las objeciones, debes observar las señales verbales y no verbales del cliente en relación a la compra. Llévalo a tomar la decisión y no pierdas estas oportunidades para que realice la compra, haz una pausa para pedirle cierta información que el cliente identifique como un paso para avanzar en el proceso y observa su reacción, si ves que el cliente no se opone o no tiene nuevas objeciones puedes ir llegando al cierre con mucha facilidad.

Cierra la venta: Si has realizado todos los pasos anteriores, no dudes en generar el cierre de la venta con determinación. Algunos vendedores fallan en el proceso de objeciones, porque no tienen claro que este proceso conduce al cierre y siguen realizando preguntas, aun cuando el cliente ya está listo para realizar la compra. Si has respondido todas las preguntas del cliente, no hay razón de que no te compre, pero debes generarle confianza y entender que tu trabajo está llegando a su fin. Facilítale el proceso de compra, pon toda la energía en conducir al cliente a facturar tu producto o a entregarte toda la información para firmar el contrato.

Esta metodología me ha permitido conducir exitosamente muchos negocios, te recomiendo practicarla y entender que las objeciones son el mejor camino para realizar la venta, sin embargo quiero que tengas en cuenta estas recomendaciones:

- Debes ser un experto en tu producto, conocerlo detalladamente y también los de la competencia.
- Haz una lista de objeciones frecuentes y desarrolla las respuestas que debes dar, también prepara la información que te permitirá sustentarlas contundentemente.
- Recuerda utilizar preguntas abiertas para que el cliente hable y cerradas para que el cliente confirme un argumento.
- Observa el lenguaje verbal y no verbal del cliente.

Recuerda que las objeciones son el inicio de la venta.

3

Los súper vendedores y las objeciones

Hace un tiempo estaba con un grupo de vendedores evaluando su desempeño comercial y algunos de ellos empezaron a justificar sus bajas ventas en el alto precio del producto que vendíamos. Les pedí que me dieran sus razones por las que consideraban que el producto era costoso y argumentaron que los competidores tenían un precio entre 10% y 20 % más bajo que el nuestro. Continué preguntando sobre aspectos técnicos de nuestro producto y ahorros que les podía generar a los clientes, también sobre en el comportamiento del mercado, pero cada vez las respuestas fueron más y más débiles, al final comprobé que no tenían la capacidad de abordar objeciones relacionadas al precio porque ellos mismos no tenían claras las razones del este.

Es muy frecuente perder ventas por no saber contestar a las objeciones, pero esto puede resolverse si nos enfocamos en el problema con decisión y entendemos cómo manejar las preguntas de los clientes.

Las objeciones pueden considerar muchos aspectos del producto, el precio, la calidad, la entrega, las características, entre muchas otras. También es bueno entender qué es lo que realmente les preocupa a nuestros clientes, muchas veces la objeción es la manifestación de algunos otros miedos y es conveniente convertir rápidamente estas objeciones en argumentos para cambiar la opinión del cliente, a continuación te comparto algunas de las más comunes:

- **Objeción**: El precio es muy alto o está muy costoso.
  ¿Qué quiere decir el cliente?: Tal vez podría conseguir ese mismo producto a un precio más bajo. No estoy seguro de que tu oferta sea lo suficientemente buena. No entiendo porque vale más este producto que otros parecidos. No confío en la calidad del producto porque no te creo lo que me estás diciendo.
- **Objeción**: Voy a pensar un poco más antes de tomar la decisión .
  ¿Qué quiere decir el cliente?: Creo que necesito tu producto, pero no estoy seguro de estar cometiendo un error. Tal vez lo necesito pero tus argumentos no me convencen para tomar la decisión. No me estas mostrando suficientemente bien como este producto hace más fácil y agradable mi vida. No entiendo cómo se compra y necesito aclarar mis ideas. No confío en ti ni en tus argumentos.

- **Objeción:** No me alcanza el dinero para comprarlo
  ¿Qué quiere decir el cliente?: Me gusta y quiero tenerlo, pero no estoy completamente convencido del producto y no me has dado suficientes argumentos para hacer el esfuerzo de conseguir más dinero.

- **Objeción:** Voy a comparar precios con otras marcas.
  ¿Qué quiere decir el cliente?: Me gusta y estoy seguro del producto, sin embargo, no me has persuadido de que es mi mejor opción, tal vez en otro lugar me puedan convencer de que lo necesito.

Los súper vendedores siempre construyen una lista de objeciones y las memorizan para actuar rápidamente y no permiten que se pierda una venta sin dar la batalla. A continuación te presento tres maneras de rebatir algunas objeciones frecuentes:

- **Objeción:** El producto está un poco caro.
  Respuesta: Te entiendo y es cierto, este es un producto costoso porque es de mejor calidad, sin embargo no vas a tener problemas y además cuentas con garantía, los otros productos son más baratos por alguna razón. Sé que cuando has comprado productos de calidad, también has comprado tranquilidad y eso es parte de lo que te ofrezco.

- **Objeción:** No estoy seguro, quisiera pensarlo un poco.
  Respuesta: ¿Qué te parece si te muestro una versión más completa del producto?, te

incluye unas características adicionales muy llamativas y aunque vale un poco más, te vas a ir muy contento con tu decisión.

- **Objeción**: He visto el producto más barato en otros lados.
  Respuesta: Eso es probable, sin embargo quiero que sepas algunas cosas que te pueden ser útiles: tu producto lo tenemos en nuestro inventario y quisiera mostrarte exactamente el que te voy a entregar, adicionalmente nuestro servicio posventa es fantástico y podemos atenderte a domicilio y por último, nosotros nos encargaríamos de hacer todo el proceso financiero. Puede ser que en otro lugar sea un poco más económico, pero aquí te damos todas las garantías de que nuestra oferta de valor es cierta y te vamos a cumplir.

- **Objeción**: No estoy seguro de la calidad del producto.
  Respuesta: Seguramente tienes razones válidas para pensar eso, ¿te importaría compartirme cuáles son tus dudas y probablemente podemos aclararlas en compañía de alguno de nuestros ingenieros?

Puedes ver que estas respuestas son elaboradas, no se pueden dar sin una preparación previa, adicionalmente deben construirse en compañía de tus colegas de trabajo, esto te permitirá tener diferentes perspectivas y ganar mucha confianza en tu proceso de ventas.

Las objeciones debes enfrentarlas directamente, enfocándote en las soluciones y en tus posibilidades, algunas recomendaciones que debes seguir son las siguientes:

- Cuestiona al cliente en sus objeciones de manera asertiva o con empatía.
- Revierte la objeción y conviértela en un motivo que refuerce la compra.
- Enfócate en las explicaciones técnicas que aclaren la objeción siempre que sea necesario.
- Preséntale a tu cliente los beneficios que puede obtener.
- Ayuda a tu cliente a entender todo lo que puede ganar al hacerte la compra a ti y a tu empresa.
- Maximiza los beneficios de tu producto en comparación con las objeciones.

Utiliza estas técnicas y podrás mejorar tus resultados de ventas, pero no olvides que conocer tus productos perfectamente, te va a permitir rebatir muchas de las objeciones de tus clientes.

4

Los precios

Hace poco tuve una conversación con un vendedor que me manifestaba que el precio de nuestro producto era un dolor de cabeza para lograr las ventas, le pregunté sus razones para pensar de esa forma y se enfocó en describirme todos los productos de la competencia que tenían un precio más bajo, sin embargo, cuando le pregunté sobre las características del producto no tuvo muchos argumentos.

Los súper vendedores no tienen temor a hablar sobre el precio de sus productos, incluso cuando son los más costosos, porque están convencidos de su valor y saben cómo argumentarlos perfectamente, de hecho, lo consideran un motivo de orgullo. En otras ocasiones debemos vender productos de menor valor y calidad, pero también es importante entender el costo/beneficio que otorgamos, y a partir de ahí, enfocarnos en presentar apropiadamente las características con los argumentos correspondientes.

El precio corresponde al valor asignado a un producto o servicio como parte de sus características, debe estar acorde a lo que los clientes estén dispuestos a pagar, generando ganancias para la empresa, el vendedor y el cliente. El precio es el resultado de un análisis de costos de operación, logística, producción, administración, ventas y mercadeo, conforme a un estudio completo que permita determinar su rentabilidad de acuerdo con la estrategia empresarial.

El precio tiene muchos impactos en tu compañía y afecta la toma de decisiones en varias áreas, ya que influye en aspectos como los gastos de inversión, la contratación de personas, el manejo de proveedores, el servicio posventa y los descuentos y promociones. Es muy útil que las empresas establezcan una política de precios que les permita regular sus prácticas y establecer parámetros para tomar decisiones.

La política de precios le permite a las compañías establecer mínimos y máximos, para ser competitiva en un mercado lleno de opciones para los clientes. Normalmente vender con precio bajo es más fácil y algunos vendedores se enfocan en este argumento, debido a que explicar los beneficios suele tener más dificultad o requerir más energía. Sin embargo, los súper vendedores, entienden muy bien las razones de tener un alto precio y lo utilizan a su favor para generar más ganancias y posicionar el producto sobresaliendo frente a sus competidores.

Algunas repercusiones del precio son las siguientes:

- Afecta las decisiones al interior de la empresa.
- Afecta la forma como nos percibe el cliente.
- Afecta los ingresos de la empresa y del vendedor.
- Afecta la forma como se posiciona el producto en el mercado.

El precio es un factor determinante que los vendedores debemos aprender a argumentar y especialmente a manejar frente a las objeciones de los clientes.

Entender la diferencia entre precio y costo es clave para argumentar muchos productos, especialmente cuando tienen un precio más elevado que sus competidores directos. El precio es una característica estática, no tiene en consideración el tiempo, ni la duración del producto, simplemente su valor. Por otra parte, el costo sí considera factores como la duración, que si se combina con el precio nos permite establecer la relación entre el precio y la duración, normalmente los productos de alto precio tienen un costo más bajo que el de sus competidores.

A continuación te presento algunas recomendaciones para ganar seguridad frente a los precios de tu producto:

- Debes entender la relación entre precio y costo de tu producto.
- Es importante conocer todas las características de tu producto y asociarlas al precio.
- Debes incluir los valores agregados que tu compañía aporta al valor del producto.
- Valora tu trabajo como vendedor.

Espero que estos argumentos te ayuden a darle valor a tu trabajo en ventas y te permitan argumentar con mayor éxito tus productos.

5

Descuentos y promociones

Hace unos meses me escribió un vendedor pidiéndome apoyo en la argumentación de un proceso que se encontraba llevando a cabo, fuimos a la empresa e hicimos una presentación fantástica, el cliente estaba listo para hacer el pedido cuando mi colega se anticipó a ofrecer un descuento sin que el cliente lo hubiera manifestado, a partir de este punto se inició una discusión sobre el precio que terminó echando a perder la venta.

Los descuentos y promociones son herramientas fantásticas para incrementar las ventas o para cerrar negocios, sin embargo, deben utilizarse con criterio, evitando que se conviertan en nuestro principal argumento de ventas o en una negociación innecesaria en el proceso.

El objetivo de los descuentos es incentivar a los clientes a comprar mayor cantidad de producto o acelerar la decisión de compra, también sirven para fidelizar a nuestros clientes generando una relación de largo plazo. Las empresas recurren a los descuentos y promociones buscando reducir los costos de producción, mediante la economía de escala, al incrementar los volúmenes de compra y generar flujo de caja a través de los pagos instantáneos o anticipados.

Los descuentos y promociones deben realizarse teniendo en cuenta los costos; para no reducir en exceso las utilidades de la compañía existen dos tipos de incentivos dependiendo del modelo de canal de ventas:

- Incentivos al comprador para que se decida por nuestro producto.
- Incentivos al distribuidor para que dedique más esfuerzo en la comercialización de nuestros productos a sus clientes.

Existen muchas formas de dar descuentos, los súper vendedores saben proponer formas creativas de incentivar y presionar la compra y que pueden poner en consideración de sus empresas, porque siempre tienen en mente cumplir con sus metas de ventas, estas son algunas alternativas:

- **Descuentos por cantidad o por volumen**: Se hacen con el fin de estimular a los distribuidores y clientes a que compren mayores cantidades.
- **Descuento por Crecimiento**: Se utiliza este mecanismo para incentivar que el distribuidor o el cliente crezcan en sus pedidos

continuamente, generan mucha fidelidad y sirven para mejorar la relación comercial.

- **Descuento por volumen del pedido:** En este caso se busca generar ahorros en la logística, y para eso se ofrece trasladar al cliente un descuento por el ahorro generado en la producción o en la distribución.
- **Descuentos por pronto pago:** Este tipo de descuento se utilizan para recibir anticipadamente los recursos, lo que permite mejorar el flujo de caja y disminuir la cartera.
- **Descuentos especiales:** Se utilizan para dinamizar las ventas, pero deben alinearse financieramente para no afectar la rentabilidad de la empresa.

Siempre que se ofrezca un descuento deben considerarse muy claramente las condiciones y los tiempos, es necesario cumplir exactamente con lo que se ofrezca, porque pueden perder efectividad o frenar las ventas, ya que los clientes pueden acostumbrarse a esperar hasta que se den nuevos descuentos. Algo que también hay que considerar es que al bajar el precio, los clientes pueden percibir que el precio normal es muy alto y no volver a comprar nuestros productos. Los descuentos deben establecerse estratégicamente y medir todos los impactos que puedan generar.

Las promociones son una forma de dar descuentos de una manera indirecta, permiten generar recordación, persuadir y facilitar el cierre de las ventas. En el embudo de ventas ayudan a llamar la atención, a producir interés y a provocar el deseo de tener los productos, además generan estímulos que permiten acelerar las ventas en un espacio de tiempo determinado.

Existen algunas formas de realizar promociones muy atractivas, a continuación te presento algunas maneras de hacerlo:

- Pague uno y lleve dos.
- Lleve el segundo a mitad de precio.
- Lleve un producto gratis por la compra de otro producto diferente.
- En su primera compra lleve un servicio adicional gratuito.
- En este mes de aniversario lleve todo con un 10% de descuento.

Las promociones deben comunicarse claramente y tener un límite de tiempo preciso, tu puedes agilizar tus ventas utilizando este tipo de estrategias, pero no caigas en la facilidad de vender siempre con estas herramientas, recuerda que tu trabajo es argumentar, persuadir y convencer, tienes muchas más herramientas para conquistar a tus clientes.

6

La negociación

Todavía recuerdo la primera negociación importante que hice en mi carrera de ventas, tenía la posibilidad de cerrar un negocio que superaba todo lo que normalmente vendía en uno o dos años de trabajo continúo entre todos mis clientes. Trabajé varios meses construyendo la relación con este cliente, lo visité muchas veces, me involucré de lleno en su negocio y finalmente se dio la oportunidad de presentarle una oferta total para sus necesidades.

Estaba ahí con el cliente, sentados en un hotel negociando el precio y las cantidades. Me sudaban las manos, me latía con fuerza el corazón, en ocasiones me costaba respirar, debatimos todas las condiciones una por una. Al final me estrechó la mano y me dijo, "mi compañía y yo contamos contigo".

He tenido la oportunidad de participar en grandes negociaciones a lo largo de mi carrera y siempre se repite la misma sensación que sentí la primera vez, y aunque, el mejor sentimiento que me genera la profesión de ventas es la posibilidad de servirle a los clientes, la emoción y la adrenalina de la negociación es simplemente fantástica.

Independientemente del tamaño del negocio que lleve a cabo, nunca he dejado de sentir emoción al cerrar una venta y espero que nunca deje de sentir esa felicidad al llegar a un acuerdo con un cliente. Con los años he aprendido a administrar mis emociones y mi comunicación verbal y no verbal durante el proceso de la negociación, y quiero compartirte algunos concejos que puedes utilizar para tus procesos de ventas.

Visualiza la oportunidad

Cuando entrevisto a algunos vendedores les pregunto sobre el promedio de sus ventas mensuales y si están satisfechos con ese resultado, luego les pregunto si están desarrollando algún negocio que supere todas sus expectativas y normalmente no lo tienen. Es importante trabajar todos los meses por una base de ventas para tener estabilidad, pero es igual de importante desarrollar ese negocio que te va a catapultar como el vendedor del año. Para lograr esto debes visualizar la oportunidad y enfocar parte de tu tiempo en desarrollar ese gran negocio.

Deja en claro que estás dispuesto a negociar.

Cuando envíes una cotización a un cliente, déjale saber que estás dispuesto a revisar sus inquietudes y que puedes negociar algunos aspectos de tu oferta. Algunos vendedores tienen una actitud que le dice a sus clientes, "Estas son mis condiciones, si te gustan bien y si no busca en otro lado". Muchas veces pequeños ajustes en la oferta generan un gran valor para el cliente y le permiten tomar la decisión. Si te piden descuento, puedes devolver la pregunta: ¿Como nos vas a pagar?

Prende todos tus radares

La negociación es una estrategia de poder, donde gana quien tiene más información. Debes escuchar activamente a tu cliente, pero también debes observar sus mensajes no verbales con mucha atención para descubrir si está ansioso, nervioso, confiado o si tiene urgencia, y entender cual es el factor clave que motive su decisión, algunas veces puede ser el precio pero también pueden ser la calidad, el tiempo de entrega, los servicios posventa, entre otros. Durante la negociación concéntrate en escuchar todos los detalles y leer entre líneas sus preocupaciones o motivadores. Entre menos hables mejor, pregunta todo lo que puedas y toma nota de todos los mensajes importantes.

Activa el rapport y observa la comunicación no verbal

Adopta tu postura a la de tu cliente, siempre déjale saber que está seguro negociando contigo, puedes ubicarte en la sala de reunión de tal forma que tu cliente vea la salida para hacerle sentirse confiado y no acorralado, llévalo al punto de sentirse cómodo contigo manteniendo un ambiente tranquilo y seguro.

Prepárate para la negociación

Una vez inicia el proceso de negociación, debes tratar de llegar hasta el final de la venta, pero sin mostrarte ansioso por lograr un acuerdo a cualquier precio. Debes preparar todos los aspectos que puedan surgir en medio de la negociación, establecer una estrategia de descuentos, de valores agregados, de ajustes en el cronograma y preparar todas las posibles preguntas que pueda hacerte tu cliente.

Compradores experimentados vs. vendedores experimentados

Los buenos negociadores saben que, si te preguntan por una cantidad muy grande de tu producto, seguramente vas a destapar tus cartas, anticipando el mejor precio y descuento posible, con esta información van a ir bajando su requerimiento, hasta conseguir el menor precio por una cantidad inferior a la que te habían pedido inicialmente. Cuando te enfrentes a este tipo de situaciones, reserva tus cartas hasta el final y conserva esta información hasta el momento justo, siempre procura manejar una escala de descuentos por volumen y nunca des el precio final sin saber cuál es la forma de pago.

Siempre guarda la cereza del pastel

Cuando ya hayas alcanzado el punto donde sabes que se va a cerrar la negociación, demuéstrale a tu cliente que estas tranquilo con el acuerdo y ofrécele algo adicional que lo haga sentir que ganó en la negociación. Esto le permitirá pensar que negociar contigo fue un placer y querrá volver a hacerlo nuevamente.

Tener el super poder de las ventas implica saber negociar, y debes aprender a hacerlo como los vendedores estrella, es emocionante y muy gratificante, estoy seguro que lo vas a disfrutar mucho.

7

Método de la elección

En una ocasión tuve la oportunidad de trabajar con un equipo de vendedores, entre quienes resaltaba uno de ellos por su conocimiento del producto, del mercado y de la competencia, hablaba apasionadamente de su empresa y de la marca, conocía detalladamente cada característica técnica del producto y tenía la capacidad de argumentarlo a la perfección y compararlo con cualquier producto de la competencia, de igual forma tenía muy claro el proceso comercial y el software de seguimiento de ventas, sin embargo este vendedor tenía un gran problema, no lograba concretar los negocios con sus clientes y mes tras mes incumplía sus objetivos de ventas. Este es el caso de muchos vendedores que no logran llegar al cierre de la venta, a pesar de hacer gran parte del proceso a la perfección.

Las técnicas de cierre son estrategias que permiten superar las objeciones y hacer que el cliente pase a la acción respecto a la decisión de compra, también sirven para llegar a un acuerdo en la negociación y obtener la aceptación de la oferta que hemos propuesto y argumentado. Una característica evidente de los súper vendedores es su capacidad de cerrar los negocios, de lograr la venta.

Existen muchas técnicas para lograr el cierre de la venta, entender cuál de ellas utilizar, depende mucho de las características de nuestro cliente y de las circunstancias particulares de cada proceso de ventas, no se puede generalizar una sola para toda ocasión. Las técnicas de cierre son como una caja de herramientas, dependiendo del problema utilizo una u otra estrategia que me permita superar la objeción del cliente.

Conocer el obstáculo o la objeción que detiene al cliente de hacer la compra de nuestro producto o servicio, ayuda mucho a determinar que técnica de cierre utilizar, pero los súper vendedores saben cómo reconocer las características de su cliente y entienden que su misión es asesorar para superar la incredulidad, el pesimismo, la inseguridad, el miedo o el desconocimiento, entre otros factores. Por supuesto no se trata de manipulación, la venta ética siempre es lo más importante, porque es tu imagen y reputación la que está en juego en el largo plazo.

El método de la elección sirve mucho con clientes indecisos, cuando existen muchas opciones de productos, marcas y alternativas, la persona está abrumada o confundida y se va perdiendo la atención, el interés y por lo tanto, se va alejando la posibilidad de cerrar la venta. Este método consiste en preguntar al cliente cual producto desea elegir entre dos opciones, algunos ejemplos prácticos de esta técnica son los siguientes: ¿Le gustaría el blanco o el rojo?, ¿le gustaría que se lo empacara en una caja o lo lleva en la bolsa?, ¿Quisiera pagarlo en efectivo o prefiere con su tarjeta de crédito?, ¿le parece bien el modelo full equipo o prefiere la opción básica?, ¿le gustaría llevarlo inmediatamente o prefiere que lo enviemos a su casa?

Como se puede observar, el método de la elección nos permite dirigir la negociación y decisión del cliente e impulsarlo a tomar una resolución que conduzca al cierre de la venta. Esta estrategia debe utilizarse en el momento apropiado, recuerda que la venta es un proceso lógico y, por lo tanto, antes de utilizar este método debes haber explicado y argumentado las alternativas previamente, aclarando cualquier inquietud que tenga tu cliente.

Las técnicas de cierre son estrategias que los vendedores deben entrenar y practicar, ponerlas en funcionamiento en el momento oportuno y no caer en el error de parecer actuando o presionando de forma indebida. Es importante mantener estas herramientas listas para utilizarlas apropiadamente.

8

Método de la suposición

Hace un tiempo estaba hablando con un amigo, me contó una anécdota que llamó mucho mi atención y que te quiero compartir, cuando él era niño una amiga de aquella época fue su amor platónico por mucho tiempo, luego perdieron contacto y no volvió a saber de ella sino hasta mucho tiempo después, tuvieron la oportunidad de conversar sobre todo lo que les había pasado en la vida, en un momento de sinceridad, mi amigo le confesó que ella había sido su amor platónico de la infancia, ella, un poco atónita, le dijo que él también había sido su amor platónico pero que él nunca le pidió que fueran novios, pensó que nunca le había gustado. El temor y la inseguridad fueron las causas que le impidieron decirle a su amiga que le gustaba y por lo tanto nunca fueron novios.

Esta historia trajo a mi memoria el recuerdo de muchas situaciones en las que un vendedor no logró cerrar un negocio, argumentando que el cliente no estaba interesado, pero posteriormente nos enteramos de que el cliente decidió comprar un producto de la competencia.

Considero que un gran reto de los vendedores consiste en detectar las señales de compra que emiten los clientes. Es importante recordar que solo el 7% de la comunicación se genera con las palabras, el 93% restante se produce por los gestos, el lenguaje no verbal y el tono de la voz. Por esta razón, tenemos que entender que las señales de compra normalmente no se expresan de forma directa con palabras, sino que se producen de otras maneras. Algunas veces no es fácil identificar si el cliente está listo para hacer la compra, cuando esto pasa, muchos vendedores pierden la venta por no poner en marcha el cierre de forma apropiada.

A pesar de que la venta es un proceso lógico, el cierre de la venta no se da en un momento puntual del proceso sino que se empieza a construir desde el saludo con el cliente y desde ese momento es importante "encender" el radar de detección de las señales de venta. Un simple gesto como mirar el reloj, poner la mano en la billetera o pedir un vaso de agua pueden ser señales de compra, de que el cliente está listo para cerrar un trato, sin embargo, en ocasiones no es fácil detectar dichas señales y por eso es importante utilizar estrategias de cierre que pueden poner en acción la decisión y avanzar en el proceso.

Para vencer la inseguridad y el temor en un proceso de ventas, donde no son claras las señales de compra, puedes poder en práctica "el método de la suposición", el cual consiste en asumir o suponer que tu cliente ya está listo para hacer la compra y cerrar el negocio. En inglés se utiliza una expresión que dice: "Fake it, until you make it" y hace referencia a decirse algo internamente hasta que uno mismo se lo crea, porque esta es una forma de hacer realidad aquello que no consideramos posible o de lo cual tenemos muchas dudas.

Cuando hayas realizado todo el proceso de ventas, asesorado al cliente y presentado una oferta de valor y aun así no puedas ver las señales de compra, supón que el cliente ya tomó la decisión de comprar, conduce las acciones en la dirección de la venta y hazle preguntas como las siguientes: ¿Qué medio de pago desea utilizar?, ¿le gustaría esperar aquí mientras genero la orden de pago?, ¿puede enviarme hoy mismo los documentos para el crédito?

Recuerda que las técnicas de cierre son herramientas que tienen un uso específico, en un momento específico y en una situación determinada, no todas sirven para todos los procesos comerciales, ni para todo tipo de clientes, por eso es importante desarrollar la sensibilidad que te permita entender cuándo debe utilizar una u otra táctica.

No permitas que el temor y la inseguridad te impidan avanzar hacia el cierre de una venta, es importante llenarte de valor para lograr tus objetivos.

9

Relativizar el precio

En cierta ocasión, estaba observando a un vendedor hablar con un cliente respecto al precio de un computador, el cliente le manifestó que estaba dispuesto a pagar una cantidad inferior del precio que tenían determinado para el producto, el vendedor asintió con la cabeza y le dijo: "Señor Antonio, si ese el precio que usted está dispuesto a pagar, yo estoy de acuerdo, sin embargo le pido que me aclare una cosa, ¿desea llevar el computador sin el disco duro o sin la memoria?, estoy seguro que podemos arreglarlo."

Las técnicas de cierre de ventas se utilizan principalmente por dos razones, para activar las señales de compra o para superar las objeciones. El precio es quizás, una de las objeciones más frecuentes que tienen los clientes a la hora de comprar y el punto más difícil de argumentar en determinadas ocasiones. Adicionalmente, en muchos lugares, existe una cultura del "regateo" o un hábito de los clientes de pedir descuento, quizás para sentir que obtuvieron alguna ganancia o una diferencia frente a otros clientes.

El precio de un producto está determinado por muchos factores que no describiré en este momento, y tampoco pretendo analizar si la estrategia de precios utilizada por diferentes empresas es correcta o incorrecta. Lo que quiero dejar claro es que, normalmente, el precio es el que es, y como vendedores, difícilmente podemos cambiarlo, mucho menos si no hace parte de nuestras responsabilidades. Nuestra misión es vender, con el precio que se ha determinado y podemos utilizar muchas estrategias para superar las objeciones que se deriven de este argumento.

Una buena noticia, es que normalmente un precio elevado, obedece a muchos factores que podemos identificar y entender, algunos tienen que ver con el producto, como la calidad, la duración, la velocidad, las características técnicas, etc. Otros tienen que ver con el mercado: la disponibilidad, la cantidad, el tiempo de entrega, etc. Otros factores tienen que ver con los servicios que se obtienen al realizar la compra: garantía, servicio posventa, repuestos, etc. Lo importante es que tengamos claramente identificados todos los factores que hacen que el precio de nuestro producto sea más elevado que el de nuestros competidores.

En aquellos productos, cuya característica determinante para un precio más elevado tiene que ver con la duración (lo cual también se puede asociar a la calidad), una buena técnica de cierre de ventas y argumentación, consiste en relativizar el precio y argumentarlo de acuerdo al tiempo que va a durar el producto, de esta manera, al contextualizar y argumentar al cliente sobre la razón de nuestro precio más elevado, podemos incluir la duración y explicarlo en términos de mayor eficiencia en su inversión o del ahorro que se va a obtener pagando inicialmente un poco más, en lugar de comprar el producto de la competencia.

Relativizar el precio es ponerlo en términos de costo en el tiempo. Para ponerlo más claro, permíteme explicarlo con un ejemplo: si estamos vendiendo un producto que vale USD 1.000 y tiene una duración de un año y nuestro competidor tiene un producto que vale USD 500 y dura 4 meses, podemos observar el precio de la siguiente forma:

En el caso de nuestro producto USD 1.000 / 365 días equivale a que nuestro producto cuesta USD 2,74 por día. En el caso de nuestro competidor, el producto cuesta USD 500 / 120 días, lo cual equivale a decir que su costo es USD 4,16 por día.

En este ejemplo, podemos observar que aunque nuestro producto cuesta inicialmente más que el de nuestra competencia, si lo comparamos relativamente con la duración que ofrecemos frente a la del competidor, nuestro precio es más o menos 34% más económico, por lo tanto nuestro cliente al pagar un valor inicial mayor, realmente está ahorrando una cantidad considerable de dinero en el tiempo.

Otra técnica que es útil en estos casos, en los que el precio es una objeción del cliente, es hacer referencia a la calidad y utilizar la siguiente expresión: "Entiendo que le parezca un precio más elevado del que estaba considerando, no es la primera vez que usted paga más por un producto de mayor calidad, yo también lo he hecho, pero sé que usted saldrá de aquí con la tranquilidad de que se lleva un producto más confiable y de mejores características de lo que estaba pensando, por lo tanto, no se va a arrepentir." No se mi corrección de este párrafo es correcta, no se si le cambié el sentido, pero es que no era claro y esto fue lo que entendí

Es importante prepararse muy bien para atender y argumentar las objeciones respecto al precio, estas técnicas funcionan cuando se tienen los valores muy claros. No debes dudar frente a los clientes cuando utilices estos argumentos, debes presentarlos con seguridad y firmeza, manteniendo una postura que transmita esas señales al comprador y, por último quiero recomendarte que los practiques una y otra vez, antes de pasar a la acción con el cliente.

10

Historias de éxito

En una ocasión fui con un vendedor a cerrar la venta de un vehículo de transporte de carga a una empresa de alimentos, nos atendió el gerente y llevamos a cabo todo el método consultivo (situación, problema, implicación, necesidades, solución). Estábamos escuchando sus objeciones y nos manifestó sus preocupaciones por los costos que podría tener al adquirir este vehículo. Le ofrecí al cliente conocer una empresa similar que había comprado nuestros productos y tenían los mismos problemas, así que organizamos una visita para el día siguiente. El cliente pudo comprobar que comprar el vehículo era la decisión correcta, de ahí en adelante todo fue muy sencillo e hicimos la venta fácilmente.

Cada vez que realizas una venta exitosa y tienes un nuevo cliente satisfecho, has logrado aumentar tu capital de historias de éxito, que puedes utilizar como argumento para lograr nuevas ventas. Los súper vendedores saben que sus clientes satisfechos son una fuente de argumentación espectacular, muchos incluso piden una carta con su testimonio de éxito como evidencia de sus resultados y la muestran a nuevos clientes para generar confianza y seguridad.

Normalmente no es necesario llevar al prospecto a conocer a otros clientes, basta con contar los casos de éxito con franqueza y con entusiasmo, algunas veces una llamada es suficiente para que tu cliente obtenga la seguridad que necesita y tomar la decisión de compra. La metodología de ventas Storytelling es muy útil para presentar historias de éxito a tus clientes.

A continuación te presento los pasos que debes seguir para llevar a cabo la técnica de historias de éxito y así llegar al cierre de tus ventas:

- **Escucha activamente a tu cliente**: Mantén una actitud de escuchar las preocupaciones de tu cliente, mientras piensas en otros clientes a los que has ayudado a resolver sus problemas.
- **Prepara una lista de tres clientes que hayan tenido las mismas objeciones**: Cuando tu cliente haya terminado de hablar sobre sus preocupaciones, cuéntale que al menos tres clientes tuyos tuvieron la misma objeción y describe sus características resumidamente.
- **Presenta testimonios mediante el storytelling**: Cuéntale a tu prospecto una historia sobre tu cliente satisfecho y presenta a tu comprador como el héroe que logró transformar una situación utilizando tu producto

como el super poder que ayudó a lograr la solución.

- **Construye una base de datos de historias de éxito:** Lleva un registro de tus clientes satisfechos a quienes ayudaste a resolver un problema y construye muy bien una historia con cada uno de esos casos.
- **Genera relaciones que puedas utilizar como ejemplo:** Pregúntale a tus clientes satisfechos si puedes contar con ellos como ejemplo de éxito, se van a sentir muy bien de que los tengas en cuenta.
- **Dirige tu historia al cierre de la venta:** Cuando vayas avanzando en la historia de éxito, anticipa el cierre y ve llevando a tu cliente a tomar la decisión, al finalizar pregúntale si tiene dudas o si necesita comprobar tu historia, si te da una respuesta de que todo está claro, procede a cerrar la venta con total determinación.

Si quieres tener el super poder de las ventas, debes crear un listado de muchas técnicas de cierre que vayas encontrando y practícalas conscientemente en todos los procesos de ventas que lleves a cabo, esto te ayudará a volverte un experto cerrador de negocios.

11

Reafirma el SI

Hace un tiempo mi esposa extravió su celular y me pidió que la acompañara a comprar uno. Fuimos a un almacén de tecnología que tenía todas las marcas, modelos, referencias y alternativas de precio. Nos atendió una joven vendedora que conocía muy bien los aparatos y nos explicó cada uno, enfocándose en los aspectos técnicos, los beneficios y las ventajas particulares de todas las referencias.

Mi esposa escuchó atentamente toda la presentación y aunque no dijo explícitamente cuál era su referencia escogida, ni se animó a dar el paso de hacer la compra, su decisión estaba tomada. Esta situación se convirtió en una oportunidad perfecta de observar la técnica que utilizaría la vendedora para cerrar la venta.

Al ver que mi esposa no tomaba una decisión, la vendedora empezó a enfocarse de nuevo en otros celulares diferentes, hasta que la situación se volvió un poco frustrante y por supuesto, eterna, así que decidí intervenir y darle una mano a la joven, por lo que utilicé la siguiente técnica:

- **Pregunta 1**: ¿Estás de acuerdo en que este es el modelo más completo?
  Respuesta 1: Si
- **Pregunta 2**: ¿Este modelo se ajusta a tu presupuesto?
  Respuesta 2: Si
- **Pregunta 3**: ¿Te sientes cómoda con el sistema operativo de ese modelo?
  Respuesta 3: Si
- **Pregunta 4**: ¿Entendiste bien cómo funciona y las ventajas que tiene?
  Respuesta 4: Si
- **Pregunta 5**: ¿Te gustaría pagarlo con tarjeta de crédito?
  Respuesta 5: Si

La técnica "Reafirma el SI", funciona muy bien cuando nos enfrentamos a clientes indecisos que no dan señales explícitas o implícitas de que están listos para realizar la compra. El vendedor debe asumir una postura de liderazgo, haciendo preguntas cerradas, que tienen una alta probabilidad de ser respondidas positivamente, que lleven al cliente a tomar la decisión de compra.

Recomiendo preparar las preguntas y hacer un listado lo más completo posible, practicarlas una y otra vez hasta que puedan realizarse de forma natural.

12

La venta perdida

Soy muy aficionado a tener herramientas, me encanta visitar tiendas de ferretería y cuando hay tareas que hacer en mi casa, lo hago con mucho gusto yo mismo. Algunas herramientas son básicas y las utilizo con frecuencia: el martillo, los destornilladores, el metro y algunas otras. Sin embargo, también tengo herramientas que casi nunca utilizo, por ejemplo, la llave de tubos. Hace unos meses me tocó cerrar el paso del agua debido a una fuga que empezó a gotear por un baño. Cuando cerré el registro la llave se rompió y empezó a salir agua por cantidades, fue muy estresante la situación, sin embargo, afortunadamente contaba con esa herramienta que me permitió reaccionar muy rápido y resolver el problema. En mi opinión la herramienta más importante es la que se necesita en el momento indicado, ninguna otra.

La técnica de la venta perdida es una de esas herramientas que no se utiliza frecuentemente y que hay que manejar con gran criterio, porque puede llevar a terminar una negociación antes de tiempo, a pesar de esto la he utilizado en algunas ocasiones con mucho éxito, porque me ha permitido reabrir una venta que estaba prácticamente perdida.

Cuando se lleva a cabo una venta, especialmente si se trata de productos o servicios complejos, el comprador asume un enorme riesgo y el vendedor un gran reto, cada una de las partes administra intereses diferentes, por lo que se genera una tensión palpable y puede ocasionar en las partes un enorme estrés. En muchas ocasiones lograr un acuerdo en el precio, las características, el tiempo o los servicios relacionados es muy complicado, y si adicionalmente el cliente empieza a evadir al vendedor es muy probable que el negocio no vaya por buen camino. En esta situación, cuando el vendedor ha agotado todos los recursos disponibles, es muy probable que la venta se haya perdido y puede ser útil utilizar esta técnica.

El objetivo de la técnica de la venta perdida es reiniciar y retomar el proceso, pero con información concreta sobre cuáles son los argumentos y objeciones que impidieron al cliente tomar la decisión de compra y desde esta perspectiva volver a reiniciar la negociación, pero enfocándose en esos aspectos críticos.

La técnica se lleva a cabo cuando se han agotado todos los recursos y esto debe quedar muy claro. En ese momento el vendedor debe procurar una conversación relajada con el cliente, en un entorno diferente a su lugar de trabajo, tal vez pueda invitarlo a cenar y abordar la situación con un dialogo como el que te presento a continuación:

"No hemos logrado llegar a un acuerdo, pero quiero que sepa que puede seguir contando conmigo, sin embargo, me gustaría saber cuáles fueron las razones que lo llevaron a abandonar la compra, solo quiero aprender y seguir mejorando"

Este dialogo, permitirá que el cliente sienta que has abandonado la idea de seguir negociando, por lo que su modo "defensivo" se vendrá abajo y entrará en un modo más amistoso, aquí pueden pasar dos cosas:

- Que efectivamente el cliente haya desistido de hacer la compra y te haga una retroalimentación amable de las razones por las cuales tomo la decisión de no comprar.
- Que el cliente tenga argumentos que le impidan tomar la decisión, pero manifieste qué si logran llegar a un acuerdo sobre estos puntos, puedan avanzar de nuevo en la negociación.

Cualquiera de las opciones que tome tu cliente te ayudará a entenderlo mejor y a que aprendas más de negociación, por lo que te animo a que conozcas las técnicas de cierre y administres con sabiduría el criterio para aplicar una u otra situación de acuerdo con las circunstancias de cada caso.

13

El financiamiento

Hace años tuve la oportunidad de acompañar a un súper vendedor en el cierre de un negocio importante, el cliente quería el producto pero no tenía los recursos suficientes para pagarlo de contado y nos consultó qué posibilidades había para poder hacer la compra, mi colega con toda la calma le hizo un plan totalmente claro y preciso: "30% lo pagas de contado, 40% lo pagas mediante un crédito que yo te ayudaré a tramitar, 20% te lo vamos a financiar directamente a 90 días sin intereses y el último 10% lo vas a conseguir con la venta de este inventario que tienes en exceso", el cliente revisó las cuentas y procedió a firmar el pedido sin ninguna objeción adicional.

Este súper vendedor sabía de antemano, que la financiación era el punto crítico para lograr la venta y se había anticipado a tramitar todas las autorizaciones que le permitieran aceptar este método de pago, porque sabía que siempre hay una forma de resolver los problemas.

Una parte importante del proceso de ventas es asesorar al cliente en la consecución de recursos económicos para poder adquirir el producto o servicio, especialmente cuando estos recursos provienen del sector financiero. En muchas ocasiones la gestión del vendedor incluye recopilar, analizar y asesorar a sus clientes en el trámite de créditos y formas de financiación.

Entender sobre financiamiento es clave para tener el súper poder de las ventas. El crédito hace parte del sistema financiero que permite que los clientes puedan acceder a muchos productos o servicios y así alcanzar sus objetivos. Por esta razón debes conocer los tipos de crédito que existen en el mercado: tarjetas de crédito, préstamos de libre inversión, créditos específicos, créditos de fomento, leasing y renting.

- **Tarjetas de crédito**
  Son un tipo de crédito muy útil para financiar activos de medio o bajo precio en un corto plazo, normalmente tienen una tasa de interés más alta que otros medios de financiamiento, el cliente puede determinar el número de cuotas en las que desea adquirir el crédito, permiten disponer de dinero de forma inmediata y en ocasiones tienen una cuota de manejo que se cobra en los extractos mensuales.

- **Créditos de libre inversión**
  Es una forma de financiamiento donde el deudor no especifica la finalidad del crédito y se otorga dependiendo de la capacidad de endeudamiento del cliente, normalmente tienen una tasa similar al de las tarjetas de crédito y no requieren una garantía sobre el valor del préstamo. Frecuentemente se utilizan para financiar en corto plazo y permiten realizar el pago de cuotas iniciales o activos de bajo valor.
- **Créditos específicos**
  Son formas de financiamiento para la adquisición de bienes específicos como vehículos, maquinaria, educación o hipotecarios entre otros. Tienen una destinación específica y están condicionados por la capacidad de endeudamiento del tomador, tienen unas tasas de interés más bajas que los créditos de libre inversión porque el bien puede quedar en garantía de la entidad financiera, los plazos son flexibles y se pueden adaptar al tipo de producto a financiar, normalmente cubren un alto porcentaje del valor del activo.
- **Créditos de fomento**
  Son líneas especiales de crédito que buscan fomentar el desarrollo de sectores especiales de la economía a través de los bancos de segundo nivel como Bancoldex, Finagro y Findeter (en el caso colombiano), que permiten la financiación de muchas necesidades, como activos fijos, inversiones, capital de trabajo, consolidación de pasivos y capitalización, entre otros.

- **El leasing**
  Esta forma de financiación es uno de los mecanismos más eficaces para obtener recursos destinados a la adquisición de activos y cuenta con muchas ventajas:
  - Permite obtener maquinaria para producción sin necesidad de adquirir la propiedad de los activos.
  - Permite financiar hasta el 100% de los bienes.
  - Permite excluir del balance general los activos.
  - Tiene ventajas tributarias.
  - Ayuda a mejorar el flujo de caja y a mantener el capital de trabajo.
  - Permite opciones de adquisición de maquinaria en el exterior.
  - Otorga tasas más atractivas que un préstamo de libre inversión.
- **El renting**
  Es una forma de leasing operativo, que permite la adquisición en calidad de arrendamiento de cierto tipo de activos como vehículos, maquinaria y equipo de cómputo. La ventaja es que también se pueden incluir servicios de mantenimiento de los bienes e incluso la entidad de renting garantiza la administración y el control de los activos.

Los súper vendedores saben relacionarse con las personas que ofrecen todos los servicios financieros y construyen con ellos su red de colaboración para aumentar su base de clientes.

SEXTA PARTE

EL PODER DE TU ESTRATEGIA DE VENTAS

1

Metodologías de ventas

El futbol es un deporte muy simple, dos equipos de 11 jugadores, un balón, un campo de juego con medidas reglamentarias, cada equipo tiene el objetivo de meter el balón en la portería del equipo contrario, con unas reglas básicas que aplican para todos. El proceso para jugar el partido es el mismo para todos los equipos, se centra en dos aspectos principales, defenderse y/o atacar, constantemente el rol cambia entre cada uno de estos procesos, pero lo que diferencia a unos equipos de otros, es la estrategia que cada equipo utiliza para defenderse y atacar. Podríamos hablar horas y horas sobre la estrategia correcta, por supuesto que siempre es más fácil analizar los partidos al final que planear la estrategia que se va a llevar a cabo, pero esa es la misión de los entrenadores que asumen esa responsabilidad.

Desde la perspectiva de ventas, nuestra misión es lograr que los clientes compren nuestros productos (ese es el juego y el objetivo), el proceso siempre es igual o muy parecido, capturar la atención del cliente, generar interés en el producto, lograr que el cliente desee tenerlo y por último llevarlo a la acción para que haga la compra. Funciona igual para vender aviones o libros, pero la gran diferencia está en la estrategia utilizada para hacer que cada una de las partes del proceso funcione y mejore constantemente. Por supuesto que al igual que el futbol, el objetivo no es ganar o vender a toda costa, hay que hacerlo dentro de las reglas de juego y con ética profesional.

Definir una estrategia o una metodología de ventas, es clave para conseguir los objetivos, normalmente es necesario hacer ajustes o cambios, pero en la medida que se ejecutan los procesos una y otra vez, se van logrando mejores resultados. Los súper vendedores que he observado a lo largo de mi carrera me han enseñado que la repetición y la constancia, son claves para el éxito en ventas, pero pocos lo hacen o tienen ese enfoque.

En una ocasión acompañé a un vendedor a visitar a varios de sus clientes, se trataba de empresas minoristas que comercializaban los productos que él vendía. En la primera visita, revisó la exhibición, el inventario, la rentabilidad de los productos, hizo una capacitación al equipo de vendedores y luego se enfocó en las necesidades de producto que pudieran tener. En la segunda visita, revisó la exhibición y tomo el pedido de los productos a reponer. En la última visita solo habló del comportamiento del mercado con el administrador. Al final, pude observar que esta persona tenía todo el potencial de ser un súper vendedor, pero le faltaba tener y seguir una metodología comercial, siempre estaba haciendo las cosas al azar, sin una estrategia clara que pudiera repetir una y otra vez.

Las metodologías de ventas pueden aplicarse a todos los procesos comerciales, aunque normalmente tienen un enfoque determinado por el tipo de cliente y procura definir las destrezas y objetivos a conseguir en cada paso del proceso.

Existen muchas metodologías de ventas, no creo que se pueda hablar de una metodología mejor que otra, precisamente porque todas dependen del tipo de cliente, del producto o servicio, del canal de ventas, entre otros factores, sin embargo, estoy seguro de que siempre es importante tener o desarrollar una metodología y procurar medirla y mejorarla. Algunas de las metodologías más utilizadas son las siguientes:

- Metodología de venta consultiva.
- Metodología SPIN.
- Metodología SNAP.
- Metodología del vendedor desafiante.

Cada una de estas metodologías, puede ayudarte desde una u otra perspectiva a desarrollar tu proceso comercial. Mi recomendación para los gerentes de ventas es que implementen una de estas metodologías y la vayan adaptando a sus necesidades y objetivos.

2

El método consultivo

La reciente situación mundial generada por la pandemia nos obligó a mi esposa y a mí a comprar un computador para nuestra hija menor. Ella tiene seis años y de la noche a la mañana tuvo que aprender a recibir clases virtuales y adaptarse a todo lo que esto implica. Así que fuimos a un almacén a ver que opciones estaban disponibles. El vendedor que nos atendió nos mostró varias referencias y los describió como si él fuera un catálogo humano. Se sabía las características, la configuración, la velocidad, la memoria y toda la lista de programas que venían incluidos en cada uno de los equipos disponibles, incluso nos explicó perfectamente las diferencias técnicas entre cada uno de los modelos. A pesar de esto, no quedamos totalmente convencidos de cuál comprar, por lo que decidimos ir a otro sitio.

En ese otro lugar, nos atendió un vendedor que preguntó todo respecto a mi hija, su edad, las materias que iba a ver, el lugar de la casa donde iba a tomar las clases, incluyendo las de educación física, se interesó en saber si el computador lo iba a mover de un lado a otro, sí adicionalmente lo iba a utilizar para ver videos y juegos, entre muchas otras preguntas. Al finalizar su cuestionario sacó un modelo y nos dijo: "Este es el computador que deben comprar por las siguientes razones...", por supuesto que eso hicimos y creo que tomamos la mejor decisión.

El primer vendedor tuvo un enfoque de producto, funciona adecuadamente cuando el comprador tiene una idea clara de lo que quiere y el producto que va a vender está bien posicionado. El segundo tuvo una metodología consultiva, se centró en nuestras necesidades y entendió que la información técnica por sí sola no nos era suficiente para tomar una decisión, adicionalmente le permitió construir confianza y generar una relación.

El método consultivo apareció por primera vez como concepto en los años 70's, en el libro "La venta consultiva" de Mack Hanan. Este enfoque nos permitió un nuevo modelo de atención basado en el conocimiento del cliente y en la necesidad de generar valor, se ha utilizado desde entonces, principalmente en la venta de productos y servicios complejos, con mucha competencia y en situaciones donde los clientes tienen muchos aspectos a tener en cuenta para llegar a una decisión de compra.

El método consultivo de ventas no se puede considerar como una serie de pasos sucesivos, sino como la construcción de una argumentación basada en una estructura que contiene los siguientes elementos:

- Situación actual que vive el cliente
- Problema que ocasiona la situación actual del cliente
- Implicaciones generadas por el problema
- Necesidad del cliente para solucionar el problema y las implicaciones
- Soluciones ofrecidas para suplir la necesidad

Uno de los avances más notorios de las últimas décadas, es la facilidad de acceso a la información, lo cual ha modificado completamente la forma de comprar de las personas y las organizaciones. Este cambio ha facilitado a los clientes la posibilidad de informarse sobre todos los posibles productos o servicios antes de tomar una decisión. Por otra parte, les ha permitido a los compradores conocer anticipadamente precios, competidores, tiempos de entrega, etc. Estas ventajas competitivas, que en un momento se habrían podido tener, se han perdido, por lo que el enfoque consultivo ha tomado cada vez más fuerza y relevancia.

He podido practicar la venta consultiva por muchos años, hasta el punto de tener mi propia oficina en el lugar de trabajo de algunos de mis clientes, analizando sus procesos. Las ventajas que esto me ha permitido observar son las siguientes:

- Generar una relación de confianza y de trabajo en equipo.
- Conocer profundamente los "dolores de cabeza" de los clientes.
- Anticipación de las necesidades y entendimiento de su proceso de compra.
- Construir soluciones a la medida de sus necesidades.
- Entender el lenguaje y la terminología propia de cada cliente.

Cualquier vendedor puede empezar a cambiar su punto de vista y pasar de la venta enfocada en el producto a una venta consultiva. Las siguientes son algunas estrategias que puede llevar a cabo para lograr el cambio:

Todo el proceso comercial debe realizarse a la medida de las necesidades del cliente, él es el protagonista, por lo tanto, debes enfocar toda tu energía en conocerlo detalladamente.

Debes generar una relación de confianza con tu cliente y debes aportar todo tu conocimiento para demostrarle que para ti él es lo más importante, si a tu cliente le va bien, a ti te ira bien.

Para construir confianza debes prepararte adecuadamente y así el cliente se dará cuenta que lo conoces perfectamente, utiliza esa información para el propio beneficio de él.

Entiende el proceso de compra de tu cliente hasta que puedas alinearlo con tu proceso de venta, de tal forma que todo el trabajo que realices por tu cliente tenga un objetivo de ventas preciso y coordinado; y llegues al "momento de la verdad" completamente preparado con hechos y datos concretos que te permitan cerrar la venta.

Utiliza los propios argumentos y hechos encontrados en el cliente para superar objeciones.

El enfoque consultivo es muy efectivo para vender productos y servicios complejos, pero entiende bien cuándo es suficiente con explicar el producto para realizar la venta, no vale la pena hacer todo un trabajo de consultoría cuando no es necesario, esto implica esfuerzo y tiempo, la relación costo/beneficio debe ser el criterio que evalúes para este tipo de venta.

3

El método SPIN

Pedro Pérez: "Buenas tardes, aquí tiene mi tarjeta de presentación, represento la marca de productos "La preferida", y en este catálogo encontrará todo nuestro portafolio de productos detallado, quisiera ponerme a su disposición y en caso de que tengan la necesidad de alguno, estoy a su servicio".

Cliente: "Por supuesto, en caso de necesitarlos, los llamaremos".

Esta forma de abordar a un nuevo prospecto, es muy común entre los vendedores inexpertos, desafortunadamente es muy poco efectiva, esa llamada probablemente nunca va a llegar.

Hace un tiempo recibí una llamada de una vendedora pidiéndome una recomendación para vender sus productos a sus potenciales clientes. Le pregunté cómo estaba abordando a sus prospectos y me contó su técnica: cuando le dan acceso a una reunión, ella presenta detalladamente su portafolio de productos y envía inmediatamente una cotización. Esta técnica solo tiene efectividad, cuando la necesidad es explícita o cuando el cliente tiene su decisión de compra tomada. En caso contrario, al igual que en el ejemplo anterior, la efectividad es muy baja.

Si te dedicas a las ventas y debes salir a buscar clientes y visitarlos en sus empresas, sabrás que muchos de estos prospectos no necesitan tus productos o por lo menos no saben que los necesitan. Seguramente tienes el convencimiento de que tu portafolio les puede ayudar a resolver muchos problemas. En estos casos debes buscar una estrategia que te permita generar o visibilizar la necesidad en tus clientes y para esto, el método SPIN es una herramienta fantástica.

La metodología de ventas SPIN permite abordar el proceso comercial desde una perspectiva diferente, priorizando la identificación de las necesidades en el proceso comercial y ayudando a que el cierre de la venta se produzca en una forma más fácil y natural.

Muchas veces cuando abordamos el proceso comercial, enfocamos toda nuestra energía en presentar adecuadamente nuestros productos y gestionar el cierre de la venta. Sin embargo, la metodología SPIN nos permite realizar el proceso de forma diferente, enfocando toda la atención en la identificación de las necesidades del cliente, lo cual se convertirá en el eje central de nuestro proceso de ventas.

Neil Rackham, autor de la metodología SPIN, desarrolló esta técnica basada en preguntas orientadoras, que el vendedor debe desarrollar siguiendo una secuencia específica, con el fin de llevar al cliente a identificar las necesidades (explicitas e implícitas) por las cuales debería comprar el producto o servicio que tú le ofreces. Las preguntas están agrupadas de acuerdo con la siguiente estructura:

- **S**ituación actual relacionada con el contexto relativo al producto que ofreces.
- **P**roblemas asociados a la situación de contexto reconocida en el punto anterior.
- **I**mplicación o consecuencias negativas que los problemas identificados puedan generar en el cliente.
- **N**ecesidades o brechas detectadas frente a las posibles soluciones que podrían resolver el problema y mitigar la implicación.

Recuerda que se trata de hacer preguntas que el mismo cliente debe responder y a través de ellas reconocer su situación, su problema, su implicación y cómo se podría mitigar o resolver dicho problema. También es importante tener en cuenta que las preguntas deben ser formuladas de manera que generen en el cliente la necesidad de tu producto, con el fin que, posteriormente, pueda iniciar un proceso de venta.

A continuación, un ejemplo del método, para el caso de un vendedor de autos eléctricos, que está buscando clientes fuera de su vitrina de ventas.

- Pregunta de situación: ¿Qué opina de la nueva regulación que restringe la utilización de vehículos a gasolina tres días a la semana?
- Preguntas sobre el problema: ¿Su vehículo utiliza gasolina?, ¿Logra conseguir fácilmente transporte público en las horas de la mañana o en la tarde para movilizarse hacia la oficina o hacia su casa?
- Preguntas sobre implicación: ¿Le afecta tener que salir más temprano hacia la oficina y llegar más tarde a la casa?, ¿Sus hijos esperan que haga tareas por la tarde con ellos?
- Preguntas sobre necesidades: ¿Ha considerado algunas alternativas para llegar a tiempo? ¿le gustaría revisar algunos vehículos eléctricos que no tienen ningún tipo de restricción?

En el ejemplo, las preguntas llevan al cliente al reconocimiento de una necesidad que tú puedes suplir con tu vehículo eléctrico. Una vez hecho todo este proceso, solo te resta hacer la venta.

En el caso de los clientes que van a tu vitrina de ventas, es muy probable que ya tengan la necesidad reconocida, por lo tanto, puedes utilizar otras técnicas enfocadas en el cierre de la venta y no en crear la necesidad.

Cuando hayas logrado que el cliente desarrolle todas las preguntas y llegue a una conclusión, habrás logrado que tu producto deje de ser una "posibilidad" y se convierta en una necesidad y esto te facilitará el proceso de la venta.

4

El método SNAP

Hace un tiempo tuve la oportunidad de reunirme con un cliente, con quien he desarrollado una relación de mucha confianza. Durante la hora que estuve en su oficina llegaron a visitarlo cuatro proveedores, lo llamaron al celular una decena de veces y para completar, me mostró su listado de correos sin leer. Fue una hora donde pude evidenciar que mi cliente, tenía una cantidad gigante de información que procesar y muy, pero muy poco tiempo para hacer todo ese trabajo.

Por fortuna existe la metodología de ventas SNAP, que permite enfrentar este tipo de situaciones en clientes corporativos (B2B), donde los compradores tienen muy poco tiempo, por lo que es necesario capturar su atención en segundos y ayudar en el proceso de toma de decisiones de forma efectiva.

Jill Konrath, estratega de ventas y autora de la metodología SNAP, desarrolló este sistema con un enfoque consultivo, basado en cinco aspectos principales: el conocimiento preciso del comprador, enfocarse en los temas más relevantes que permiten llamar la atención del cliente, entender que las ventas no son un juego de números, sino de estrategia para lograr mayor radio de conversión, enfocarse en una métrica de ventas personal y no en números promedio de todo un equipo de vendedores arriesgándose a experimentar para obtener mejores resultados con los clientes y por último, diferenciarse de todos los demás vendedores y crear una experiencia única de atención.

La investigación realizada por Konrath, sobre el entorno actual de las empresas y la forma en que los compradores toman decisiones, dio como resultado la metodología SNAP, la cual, en lugar de desarrollarse en pasos secuenciales, se basa más bien en principios que tienen que considerarse en el proceso de ventas y define tres etapas en las cuales el vendedor debe gestionar decisiones por parte del cliente, utilizando todos los recursos que tenga disponibles y que puedan garantizar el éxito.

Los principios orientadores de la metodología SNAP son los siguientes:

- **S**impleza: Teniendo en cuenta que los tomadores de decisiones manejan gran cantidad de información y un tiempo muy limitado, el vendedor debe enfocarse en facilitar todos los aspectos y procesos que sea posible.

- Atención iNvaluable: Es importante que el vendedor genere valor con su conocimiento y experiencia, que se convierta en un recurso irremplazable que proporciona información valiosa que facilite al cliente a alcanzar sus objetivos, mediante un proceso de ventas exclusivo y único.
- Alineación: El enfoque mediante el cual el vendedor debería abordar el proceso, requiere alejarse de sus propios objetivos, enfocándose en los problemas y soluciones específicos para el cliente. Es necesario alinear el lenguaje al del prospecto y utilizar su propia terminología.
- Prioridades: Cuando una persona es altamente ocupada, lo que está en su mente son sus principales problemas y ahí es donde el vendedor debe enfocar su energía de ventas, haciendo prioritarias las dificultades del cliente de forma directa y concreta.

Etapas en las que el vendedor debe gestionar una decisión por parte del cliente:

Primera decisión - Lograr el acceso: Este es el primer objetivo del vendedor, para esto, debe utilizar los recursos disponibles (mail, teléfono, referidos, etc.) dando un mensaje atractivo, fácil y concreto, enfocarse en generar interés al instante, no de los productos o servicios que representa, sino sobre la importancia de su visita y la solución que ofrece a los problemas del cliente.

Segunda decisión - Iniciar el intercambio: Enfocar la reunión en los problemas que le puedes solucionar al cliente, por ejemplo: Aumentar la rentabilidad, disminuir el tiempo que dura una operación, facilitar la consecución de información, reducir los costos, maximizar el retorno de la inversión, etc. No se trata de hablar del producto o servicio, sino en los problemas que ayuda a resolver. Es importante que el vendedor tenga una actitud de liderazgo ante el cliente y le proporcione información que pueda utilizar para sustentar la decisión, como cifras, datos y experiencias en otras compañías.

Tercera decisión - Seleccionar los recursos: El vendedor debe mantener un liderazgo que ayude al cliente a tomar decisiones que lo lleven a seleccionar tu producto o servicio, haciéndolo sentir que no corre ningún riesgo porque ha contemplado todas las variables necesarias.

Quienes trabajamos en ventas, recibimos una presión muy grande por los resultados, en ocasiones no nos detenemos a planear la estrategia adecuada para tener más efectividad. Recomiendo hacer una pausa y repensar el proceso que vas a llevar a cabo, tratar de implementar los principios de la metodología SNAP y buscar tus propias fortalezas y herramientas frente a las decisiones que tienes que gestionar para ganar más clientes.

¡Te animo a intentarlo!

5

El vendedor desafiante

Tú puedes ser un súper vendedor, también puedes llegar a ser un vendedor desafiante, sin embargo, es necesario atravesar un proceso de crecimiento y aprendizaje que te permita desarrollar las competencias necesarias: llenarte de energía y pasión por lo que haces, tomarte el tiempo de aprender, ser inquieto y estar en búsqueda constante de nuevas y mejores formas de presentar y argumentar tu producto, desarrollar tu mercado, enfocarte en los aspectos importantes de tu negocio y actuar estratégicamente. Algunas características personales pueden ayudar, pero no necesariamente tienes que tener una determinada forma de ser, para convertirte en el mejor vendedor.

El modelo de venta ha ido evolucionando desde tiempos ancestrales hasta nuestros días, desde el intercambio de productos hasta la venta consultiva, que se ha convertido en el modelo más utilizado para la atención a clientes corporativos, con algunas estrategias complementarias como el método SPIN o el método SNAP, que aportan elementos al proceso para generar mejores resultados en el cierre de negocios.

A comienzos del siglo XX, se iniciaron los conceptos de venta psicológica, que incluyeron elementos como la formulación de preguntas abiertas y cerradas, y se basó en un proceso de presentación de ofertas bajo un esquema de características, beneficios, objeciones y cierre. Con el paso del tiempo, se adaptaron nuevos elementos al proceso hasta desarrollar el modelo conocido como venta consultiva.

La metodología consultiva, que surgió en los años 70's, se basa en el esquema "situación, problema, implicación, necesidades y solución", es decir, que el vendedor debe llevar a cabo todo este proceso al interior de la empresa del cliente, para presentar su propuesta, sin embargo, no tiene en cuenta la forma y la metodología en la que el vendedor establece relaciones con sus clientes. En lugar de esto se enfoca en el proceso que debe realizar para lograr la venta.

El concepto de *vendedor desafiante* surgió a raíz de un estudio desarrollado en Estados Unidos por el SEC (Sales Executive Council) que realizó un seguimiento a más de 6.000 vendedores analizando su productividad, y evaluó qué metodologías y procesos llevaban a cabo, y qué estrategias de ventas utilizaban para desarrollar sus procesos de ventas corporativas o negocios B2B.

El estudio realizado por el SEC, determinó que en la venta consultiva hay cinco tipos de vendedores, entre los cuales se destaca cierto tipo que denominaron como vendedores desafiantes. Este tipo de vendedores han desarrollado una habilidad comercial que obtiene buenos resultados incluso en tiempos de crisis.

Llegar a ser un vendedor desafiante requiere un proceso. Nadie que empiece un nuevo trabajo puede serlo al comienzo, porque requiere experiencia, conocimiento y una organización que respalde y soporte su trabajo, sin embargo, quienes han sido vendedores desafiantes en algún momento, pueden volver a desarrollar este esquema con mucha más facilidad. A continuación te presento las características que tiene un vendedor desafiante:

En primer lugar, el vendedor desafiante conoce perfectamente su producto o servicio, adicionalmente, entiende cómo toda su organización puede apoyarlo en su estrategia de ventas, es decir, que se soporta en las diferentes áreas como finanzas, producción, ingeniería, posventa, mercadeo e incluso recursos humanos, para llegar a una solución a la medida del cliente.

El vendedor desafiante también conoce muy bien a su competencia, tiene la capacidad de comparar sus productos con otros y determinar sus puntos fuertes y débiles, también sabe qué procesos llevan a cabo y por eso tiene perfectamente claras sus fortalezas.

Podemos observar, qué para llegar a ser un vendedor desafiante, debes convertirte en un experto en tu producto o servicio y también en el de tus competidores, esto puede tomar un tiempo y requiere mucha dedicación, pero es la base que te dará seguridad sobre lo que estas vendiendo y te dará los argumentos para dar soporte al proceso de ventas. Un vendedor desafiante está en capacidad de presentar a los clientes toda esta información relacionada con el producto o servicio de forma consistente y soportada en cifras, hechos y experiencias.

Todo el conocimiento que el vendedor desafiante tiene de sus productos y los de la competencia, le permite tener una visión diferente del proceso de ventas, que lo llevan a desarrollar una argumentación basada en aspectos financieros, operativos, logísticos y de sostenibilidad empresarial, en lugar de argumentos basados exclusivamente en el producto, ofreciendo perspectivas diferentes.

El vendedor desafiante sabe construir relaciones con sus clientes, pero no se enfoca exclusivamente en los aspectos sociales de la venta, sino que tiene el objetivo de volverse influyente al interior de la empresa del cliente. Entiende que muchas personas intervienen en la decisión de compra y cada uno tiene opiniones y toma decisiones de acuerdo a su rol y al riesgo que el producto o servicio representa.

Para construir un alto nivel de influencia en sus clientes, el vendedor desafiante utiliza la estrategia de "enseñar", esto quiere decir, compartir información y conocimiento de forma estratégica y relevante, para cada una de las personas que participan en la toma de decisiones al interior de la empresa del cliente. Esto también ayuda a adaptar sus productos o servicios a la medida del cliente, presentando soluciones creativas que mitigan el riesgo de los tomadores de decisión, independientemente del área en que se desempeñen.

Una vez se ha logrado el nivel de influencia y la adaptación del producto a las necesidades del cliente, el vendedor desafiante toma el control del proceso al interior de la empresa del cliente. Es decir, participa del proceso y moviliza la compra, incluso se vuelve parte del equipo que toma las decisiones, dando argumentos que le permiten al cliente determinar cuál es la mejor alternativa con un bajo riesgo.

Conocer perfectamente los productos genera, para el vendedor desafiante, una gran confianza en su precio y por eso apela a la argumentación basada en hechos y datos, para soportar su propuesta y no se deja presionar para dar descuentos. Así mismo, conocer la operación del cliente y su funcionamiento interno, le permiten adaptar su producto o servicio a la medida de las necesidades de cada persona que interviene en la decisión de compra. Por último, generar relaciones con diferentes interlocutores al interior de la empresa, le permiten ser influyente y presionar la compra, con mucha más facilidad.

La venta desafiante no deja de lado los preceptos de la venta consultiva, pero involucra elementos muy útiles que puedes desarrollar y adaptar en tu modelo de ventas.

6

Storytelling

"Las historias son el corazón de una venta", Matthew Pollard.

"La gente olvidará lo que dijiste, la gente olvidará lo que hiciste, pero la gente nunca olvidará cómo la hiciste sentir", Maya Angelou

Te confieso que analicé mucho sí definir el "Storytelling" como una metodología de ventas, una técnica de cierre, una estrategia de marketing, una parte del proceso de ventas, la argumentación o simplemente como un concepto novedoso. Finalmente decidí abordarlo como una metodología, a pesar de que encaja perfectamente en todas las categorías anteriores. El Storytelling es un concepto que viene ganando cada más fuerza, sobre todo para los apasionados del marketing, pero en mi experiencia, trabajando con equipos de ventas y observando vendedores estrella, puedo decirte con total claridad, que aplica perfectamente como parte complementaria en todas las metodologías de ventas que he tratado anteriormente. Nada como un súper vendedor contando historias y anécdotas de las experiencias con sus productos en relación a sus clientes. De hecho, una buena forma de argumentar algunas objeciones consiste en hacer referencia a historias de casos de éxito.

Desde la perspectiva de ventas, el Storytelling se convierte en una herramienta muy poderosa en la relación directa con el cliente y ayuda mucho a construir la relación de confianza que se requiere para realizar el cierre de la venta. El proceso comercial tiene una secuencia lógica, que va marcada por el ritmo en la presentación, la argumentación, el manejo de objeciones, la negociación y el cierre; y a lo largo de todo el proceso, ayuda mucho a generar el ambiente y la atmósfera, para que por medio de un relato, generalmente asociado a anécdotas con otros clientes, se transmita un mensaje de confianza.

Siempre me ha gustado escuchar las experiencias difíciles de los súper vendedores, sentir la emoción y la pasión con la que transmiten el logro de la venta, en medio de muchas dificultades o situaciones complicadas, donde hay tensión, suspenso, una acción audaz, un héroe, un villano y una solución favorable para el vendedor y para el cliente, ¡es fantástico! Sin embargo, entender la teoría y la metodología que utilizan los expertos en el arte de contar cuentos, ayuda mucho para hacer que una buena historia se convierta en una venta.

Algunas características de personalidad pueden ser muy útiles y facilitan el trabajo de ventas, sin embargo, conozco vendedores estrella de muy variadas formas de ser, algunos extrovertidos, otros silenciosos, algunos metódicos, otros acelerados; de hecho, considero que es más importante para la profesión de ventas, saber escuchar, que saber hablar. No obstante lo anterior, el Storytelling es una herramienta para ayudar a construir relaciones, argumentar y por supuesto, para cerrar la venta.

Es muy importante entender que el Storytelling como herramienta comercial, tiene unos principios y una finalidad, no se trata de entretener al cliente, sino de apoyar, sea cual sea la metodología de venta empleada, a llegar a un acuerdo con el cliente y cerrar negocios. Por esa razón, quiero exponer los siguientes factores que debes tener en consideración, para desarrollar tu historia en el momento adecuado:

- Hacer referencia al producto o servicio.
- Hacer referencia al proceso de ventas.
- Hacer referencia a la experiencia de utilización del producto.
- Hacer referencia a los problemas que tenía el cliente antes de tener el producto.
- Hacer referencia a los problemas que tuvieron otros clientes por comprar un producto diferente.

Adicionalmente a estos factores de relevancia de la historia, el cuento debe contener algunos elementos, que bien ambientados, generen impacto y recordación:

- Personajes: El héroe debería ser el cliente.
- Ambiente: ¿Que pasaba antes de tener el producto que está tratando de vender?
- Conflicto: El villano puede ser el mismo problema, su competencia o simplemente aquellos que se opongan a la solución.
- Mensaje: Su enseñanza o experiencia como vendedor u observador de otras situaciones similares.

Es importante preparar diferentes historias, de acuerdo con los problemas u objeciones más frecuentes de los clientes y estar listo para contar un cuento corto, sencillo y bien desarrollado para que quede grabado en la mente de tu cliente.

SÉPTIMA PARTE

EL PODER DE LA INFORMÁTICA

1

Los CRM y sistemas de información

Hace unos años trabajaba en una multinacional del sector automotriz. Uno de mis colegas, Bernardo, era una persona que estaba cerca de su edad de jubilación y era el vendedor estrella que tenía a su cargo el mercado agrícola. Conocía cada uno de los productos que vendía detalladamente, además era experto en procesos de agricultura y cultivos de diferentes variedades de plantas. Era amigo personal de muchos campesinos y de empresarios de este sector a lo largo y ancho del país.

Bernardo tenía un problema que era su falta de conocimiento de herramientas tecnológicas, todo el trabajo lo administraba con su agenda de papel y tenía impresas las fichas de cada uno de los clientes para guardar la información y todo lo conservaba en el baúl de su carro.

La empresa en la que trabajábamos estaba implementando muchos cambios tecnológicos y teníamos la obligación de adaptarnos a esta nueva forma de trabajar, Bernardo no lo pudo asimilar, por lo que al poco tiempo decidió que había llegado la hora de retirarse, lo cual fue muy perjudicial para las ventas de estos productos.

Conozco muchos vendedores a quienes adaptarse a trabajar con sistemas de información de ventas, CRM (Customer Relationship Managment) les cuesta bastante. Sea porque les consume mucho tiempo alimentar y manejar el sistema, porque lo ven como una forma de controlar su gestión de ventas o simplemente porque desconfían de lo que se hace con esa información, este es un factor que normalmente causa problemas en la gestión de ventas. Esto lo he observado incluso en los vendedores más jóvenes y habituados a trabajar con tecnología.

He escuchado a muchas personas que trabajan en ventas quejarse porque no cuentan con un sistema de información y se justifican en eso para argumentar su falta de gestión. También he escuchado a otros vendedores justificar su falta de resultados con el argumento del tiempo que les consume alimentar la información dentro de los CRM. Sin embargo conozco a un grupo de vendedores estrella, que disfrutan la oportunidad de contar con estos sistemas y han adaptado todo su proceso comercial y su metodología de ventas, y han aprendido que este tipo de herramientas les ha facilitado su trabajo y les ha permitido ser mucho más eficientes.

Los sistemas de administración de ventas o CRM, son herramientas que permiten manejar información de clientes, generar indicadores y facilitar el proceso comercial. Un antiguo jefe me dijo alguna vez, "lo que no se escribe se olvida", y este principio es parte de las soluciones que se pueden encontrar en estos sistemas. Los CRM sirven para contar con la información y ayudan a no olvidar ningún aspecto relevante para gestionar las ventas, por ejemplo, información básica de clientes, estadísticas de compras, manejo de inventarios, gestión de prospectos y citas, administración de cotizaciones, proyección de necesidades de los clientes, planeación de rutas, seguimiento de indicadores e incluso generación y automatización de informes comerciales.

Algunos beneficios de contar con un CRM que son importantes de conocer, para adaptarse a la experiencia de trabajar con estas plataformas, son los siguientes:

- Ayuda a definir las fases del proceso comercial.
- Facilitan segmentar el mercado de acuerdo con diferentes parámetros.
- Permiten crear una agenda para el desarrollo comercial de prospectos.
- Ayudan a almacenar toda la información de contacto del cliente.
- Almacenan información de las interacciones con clientes.

- Permiten generar alarmas para presionar el proceso comercial.
- Permiten conservar la historia de las actividades realizadas con un cliente.

Para las organizaciones, contar con sistemas de CRM es muy útil, les permite mantener información valiosa que sus equipos de ventas han trabajado por años, ahorrar costos y generar eficiencia, por eso cuando tengo la oportunidad de asesorar compañías que me preguntan sobre estos sistemas, siempre lo recomiendo.

Te animo a acomodarte al cambio y ver con mucho optimismo la oportunidad de adaptar tu proceso de ventas a estas nuevas tecnologías.

2

Herramientas informáticas

Hace un tiempo estaba con un vendedor construyendo su estrategia de ventas, buscamos en Internet una base de datos de un segmento de mercado, construimos en Excel un archivo de seguimiento, preparamos una presentación en Power Point con su estrategia, incluimos en su CRM el plan de visitas, revisamos en Word su propuesta de valor e hicimos una estrategia de comunicación en redes sociales y preparamos todas las "armas" para enfrentar el mercado.

Los súper vendedores tienen muchos talentos y competencias bien desarrolladas, saben construir relaciones con nuevos clientes, memorizan la información de sus productos o servicios, tienen la habilidad de argumentar, la energía para cerrar negocios, pero también son expertos en algunas herramientas informáticas que les permiten potenciar todo su proceso comercial.

Existen seis tipos de herramientas informáticas que todo súper vendedor debe conocer y saber utilizar eficazmente:

- **Correo electrónico**: Es la herramienta más útil para agendar citas, enviar propuestas y compartir información de tus productos o servicios.
- **Internet**: Aunque no es en sí una herramienta sino una plataforma de información, debes saber navegar y aprender a segmentar, prospectar y conocer todo lo que puedas sobre tus clientes y tus competidores utilizando internet.
- **Redes sociales**: Son plataformas de comunicación que te permiten relacionarte e interactuar con posibles clientes, es importante conocer los medios más utilizados y generar redes de contactos que te ayuden a posicionar tu marca personal y ofrecer tus servicios.
- **Herramientas de Oficina**: Son aplicaciones que te permiten manejar tu información, las más utilizadas son las de Office de Microsoft, aunque existen algunas otras en el mercado, con estas herramientas puedes desarrollar documentos, elaborar presentaciones, hacer hojas de cálculo y hasta construir bases de datos.
- **CRM**: Son sistemas de administración de clientes, con los que puedes desarrollar un trabajo comercial estratégico, permitiéndote

conservar información, generar alertas y hacer seguimiento a tu proceso de ventas.

- **Plataformas de comunicación virtual:** Son las herramientas para comunicarte virtualmente con tus clientes que te permiten compartir video, sonido y presentaciones, entre muchas otras utilidades.

Si aprendes y desarrollas tus habilidades en estas herramientas vas a obtener los siguientes resultados:

- Brindar un servicio más efectivo para tus clientes.
- Cerrar negocios más rápidamente.
- Medir la evolución de tus ventas.
- Disminuir costos y ahorrar tiempo.
- Fidelizar a tus clientes.

Los súper vendedores saben adaptarse a la tecnología y a aprender nuevas herramientas, no le tienen miedo al cambio y les gusta probar nuevas formas de desarrollar su trabajo. Anímate a desarrollar tu habilidad en el manejo de nuevas herramientas informáticas y procura siempre estar a la vanguardia en estos conocimientos, te harán un vendedor sobresaliente.

OCTAVA PARTE

EL PODER DE LIDERAR EL EQUIPO DE VENTAS

1

La gerencia de ventas

Siempre que pienso en la gerencia de ventas, viene a mi mente la imagen de los entrenadores de fútbol, tienen la responsabilidad de construir una estrategia ganadora con la que puedan vencer a sus rivales y conseguir triunfos. Tanto los entrenadores como los gerentes de ventas tienen un equipo de personas con diversas características y talentos, algunas veces cuentan con la fortuna de tener estrellas o súper vendedores, otras solo poseen jugadores inexpertos o con muchas oportunidades de mejora en sus habilidades. Muchos entrenadores se enfocan en la táctica, otros en la estrategia y otros en la técnica. Muchos se adaptan a las circunstancias y plantean una idea de juego consistente, otros viven cambiando el esquema. Algunos tienen muchos recursos para trabajar cómodamente y otros tienen que ajustarse a condiciones más precarias. Ciertos entrenadores se involucran con el equipo, los jugadores y los entrenamientos, otros solo dictan directrices y se enfocan en seguir los resultados.

Antes de avanzar quisiera dejar algo claro, no todos los súper vendedores sueñan con ser gerentes de ventas y dirigir un grupo de vendedores, muchos son felices con su trabajo directo con clientes y disfrutan de la libertad de enfocarse en sus propios resultados, y a diferencia de los jugadores de futbol, la carrera de un súper vendedor puede durar toda su vida productiva.

Si quieres convertirte en un súper gerente de ventas y tienes la pasión de dirigir y gerenciar un equipo, debes desarrollar muchas competencias adicionales a la planeación y el control de las actividades de tu equipo, debes motivar, formar y acompañar al equipo en su desarrollo, además generar las estrategias y ejecutar la táctica para proveer al equipo de todas las herramientas necesarias y así puedan hacer los goles y tener una identidad de juego.

He notado una tendencia de muchos gerentes de ventas en enfocarse en el seguimiento y control del equipo, en lugar de enfocarse en la estrategia, la motivación, la planeación, el direccionamiento y el desarrollo de herramientas que permitan a sus vendedores incrementar las cifras de sus indicadores de ventas. Los súper gerentes de ventas saben activar los motivadores que cambian las tendencias de ventas y activan la acción estratégica de los equipos comerciales.

Otra tendencia de muchos gerentes de ventas actuales, es a concentrarse en el trabajo administrativo y el análisis de datos e información, en lugar de acompañar a sus vendedores en el terreno con clientes, esta actitud genera un distanciamiento con el mercado e imposibilita conocer de primera mano los problemas y dificultades que enfrentan los asesores comerciales, además impide lograr el conocimiento de la realidad del producto o servicio y la percepción de los clientes, lo que obstaculiza la capacidad de generar herramientas para que el equipo de ventas pueda superar objeciones y llevar al cierre de los negocios.

Los súper gerentes de ventas conocen la situación personal y profesional de cada uno de los miembros de su equipo y saben trasformar las emociones negativas y frustraciones en oportunidades, presionando a cada uno a dar lo mejor de sí y a tener la energía y el optimismo de que van a alcanzar las metas de ventas. Por otra parte, se esfuerzan por conocer el mercado y los productos detalladamente, y desarrollan en equipo, la argumentación necesaria para superar cualquier objeción.

A continuación te presento ocho habilidades que tienen los súper gerentes de ventas:

- Construyen la estrategia comercial y asignan responsabilidades.
- Crean indicadores de gestión de ventas precisos y miden la evolución del equipo.
- Desarrollan herramientas para que su equipo de ventas consiga más clientes.

- Gestionan el conocimiento del equipo y se aseguran de que todos sepan presentar apropiadamente los productos o servicios.
- Ayudan a abrir puertas de nuevos clientes.
- Acompañan selectivamente al equipo en los cierres de ventas.
- Motivan al equipo para alcanzar los resultados de ventas.
- Remueven los obstáculos que impiden a los vendedores llegar al cierre de la negociación.

La motivación es una gran fuerza para gestionar los resultados de los súper vendedores, algunas veces puede ser alguna motivación extrínseca como los incentivos económicos o el reconocimiento de los logros, pero los súper gerentes de ventas saben desarrollar en el equipo la motivación intrínseca, que permite lograr estabilidad y mantener los resultados comerciales en un constante crecimiento, adaptándose permanentemente a los cambios del mercado.

2

Los indicadores de gestión de ventas

Hace un tiempo acompañé a un gerente de ventas en su reunión de seguimiento semanal con todo su equipo de vendedores, llevábamos más de dos horas y solo habíamos escuchado a uno de los asesores describir detalladamente cada uno de los negocios que estaba llevando a cabo, finalmente tuvimos que suspender la reunión y no alcanzamos a ver los resultados de los demás miembros del equipo. Le pregunté si tenía algún resumen del proceso comercial y me dio una cifra general que estaba por debajo de los objetivos planteados. Pude observar que hacía falta un sistema de indicadores que permitiera medir la gestión de ventas fácilmente y esto impedía tomar las acciones oportunas para lograr los resultados que se esperaban.

¿Te imaginas a un capitán de un avión volando su aeronave sin instrumentos?, ningún pasajero o tripulante quisiera viajar en esa situación. De la misma forma, volar una aeronave de ventas, sin instrumentos comerciales de navegación, es una pésima idea.

Los súper gerentes de ventas tienen claro, que para coordinar un equipo comercial se requiere un panel de instrumentos e indicadores, como si estuvieran piloteando un avión y monitoreando cada uno de los relojes, para saber que todo está funcionando con normalidad o que se requiere hacer alguna evaluación o corrección.

En general los indicadores de gestión de ventas, se pueden obtener del embudo de ventas y se contrastan contra la fórmula de prospección o la estadística histórica de resultados. Esto quiere decir, que no es suficiente con crear y monitorear un embudo de ventas, hay que compararlo y confrontarlo con alguna fuente de información, que nos permita sacar una conclusión del resultado en relación con el objetivo requerido para tener certeza de que se va a alcanzar la meta de ventas.

Los indicadores de gestión de ventas no son simplemente números, son una filosofía de ventas que cada uno de los miembros del equipo tiene que adoptar, comprender y gestionar, de tal forma que todo el tiempo, cada uno de los vendedores esté compitiendo contra sus propios resultados. Las ventas no son la consecuencia del azar, son un trabajo estructurado que va dando resultados, siempre y cuando haya un objetivo constante de avanzar, mejorar y alcanzar metas concretas respecto a objetivos concretos.

Los súper vendedores saben que deben hacer un trabajo de ventas estructurado, con objetivos concretos y metas precisas, pero tu misión como gerente de ventas es consolidar los resultados de todo el equipo y verificar si tu plan de vuelo va acorde al proyecto o si debes corregir algún sistema o redireccionar el plan de vuelo.

El sistema AIDA (atención, interés, deseo, acción) del que se compone el embudo de ventas te permite construir un primer nivel de indicadores de gestión de ventas, pero vale la pena complementarlo con unos más precisos como los siguientes:

- Indicadores de prospección (número de nuevos clientes).
- Indicadores de relación y visita a clientes (número de visitas).
- Indicadores de propuestas de valor (cotizaciones, ofertas, licitaciones, etc.).
- Indicadores de gestión financiera (créditos, anticipos, cuotas iniciales, etc.).
- Indicadores de facturación (ventas).
- Indicadores de entrega.

Esta es una buena base de indicadores, que te permiten hacer seguimiento a la gestión de ventas de tu equipo, sin embargo puedes avanzar aún más, utilizando indicadores que te den a conocer el nivel de desempeño y desarrollo del equipo de ventas. Es clave diagnosticar las necesidades de cada uno de tus vendedores, en términos de conocimiento de ventas, de producto o de cualquier otra que esté impidiendo lograr los resultados.

Los súper gerentes de ventas son expertos capitanes de su aeronave y se preocupan por su tripulación y por los pasajeros, espero que estas recomendaciones te ayuden a mejorar tus resultados de ventas.

Agradecimientos

Al hotel de la Opera.

El hotel de la Opera es un lugar mágico, lleno de espacios inspiradores, que refleja la majestuosidad de Bogotá con un ambiente cálido y confortable.

Agradecemos su acogida y habernos permitido tomar muchas fotos que nos inspiran para promover e impulsar este libro.